CB046288

Babalorixá OMINARÊ

CANDOMBLÉ DE KETO

(ALAKETO)

6ª edição
6ª reimpressão

PALLAS

Rio de Janeiro
2024

Copyright©1985
Wilton do Lago Vialle

Produção editorial
Pallas Editora

Capa
Donato

Todos os direitos reservados à Pallas Editora e Distribuidora Ltda. É vetada a reprodução por qualquer meio mecânico, eletrônico, xerográfico etc., sem a permissão por escrito da editora, de parte ou totalidade do material escrito.

CIP-BRASIL. CATALOGAÇÃO-NA-FONTE.
SINDICATO NACIONAL DOS EDITORES DE LIVROS, RJ.

V666c   Vialle, Wilton do Lago.
Candomblé de Keto ou Alaketo / Wilton do Lago Vialle, Babalorixá Ominarê — 6ª ed. — Rio de Janeiro : Palas, 2011.

Inclui bibliografia.
ISBN 978-85-347-0315-4

1. Candomblé – Brasil. I. Título.

96-1125

CDD 299.60981
CDD 299.6(81)

Pallas Editora e Distribuidora Ltda.
Rua Frederico de Albuquerque, 56 – Higienópolis
CEP 21050-840 – Rio de Janeiro – RJ
Tel./fax: (021) 2270-0186
www.pallaseditora.com.br
pallas@pallaseditora.com.br

ÍNDICE

Apresentação	7
Origem	9
Yorubá, língua oficial do Alaketo	11
Os Atabaques	19
Dia dos Orishás	21
Os cargos mais comuns na Casa do Candomblé.	24
As Kuras	25
Ebó Branco	26
O Governo de cada Orishá.	27
Cantigas	43
Rezas	57
Como se Assentar o Eshu no Jogo do Keto	59
Odus no Jogo de Keto	60
Como Assentar um Ilé.	75
Início das Águas de Oshalá	76
Os Orishás	76
O Ifá, A Troca de Cabeça	77
O Ogan	77
Salva para os Orishás.	79
Feitura de Cabeça	83
Bibliografia	88

APRESENTAÇÃO

Desde a minha *feitura*, no candomblé Keto, na casa de minha mãe de santo, Georgina Alves dos Santos, a eminente Yalorixá Lamboagi, já falecida, e lá se vão mais de trinta anos, percebi o grande interesse que os praticantes têm em possuir maiores conhecimentos, quase sempre na mão de pais-de-santo egoístas, que nada ensinam.

Originariamente, devido às grandes dificuldades de comunicação na época, a tradição oral sempre imperou, atuando principalmente como elemento preservador das culturas africanas.

Relutei muito comigo mesmo, até entregar os originais para as editoras, porque neles estão contidas revelações inéditas sobre a prática do candomblé Keto.

É, sem dúvida, a ignorância o maior elemento gerador do grande descrédito por que passa o Candomblé, pois quando falece um babalorixá, ele certamente leva consigo pelo menos uns duzentos mistérios, quase sempre passado de forma errada pelos praticantes, o que gera uma série de erros quase sempre graves. Acontecendo a famosa "marmotagem", quando, e pelo fato de não conhecerem parte da liturgia, abrem terreiros e começam a raspar a cabeça de terceiros.

Procurei durante anos anotar todas as informações que me eram prestadas por minha mãe-de-santo, filha de um dos mais célebres babalorixás de Salvador, Procópio de Ogunjá. Procurei aprimorar, melhorando seu aspecto geral, com informações corretas.

O Candomblé de Ketp tem uma visão nacional, popular e que hoje já atinge as camadas mais altas da população.

É realmente escassa a literatura sobre a verdadeira prática do Candomblé, porém, nossa intenção não é a de violar os chamados *fundamentos* e, sim, mostrar a realidade das coisas, criando clima de respeito e confiança, entre os filhos de santo e pais de santo.

Além dos conhecimentos aqui retidos neste livro, procurei visitar terreiros no Rio e em Salvador, para entrevistar pais de santo, pedindo-lhes sugestões e contribuição a este trabalho.

Desejo agradecer também à Yalorixá J Kiago Luvango, da Goméia
Pai Alberto Torres, do Tumba Junçara
Valdeli Roberto, da Goméia

Esmeraldina de Oxóce, do Gantois
Acácio Martins, do Engenho Velho, e outras, cuja lembrança e respeito deixo como eterna gratidão.

Wilton do Lago Vialle
Babalorixá Ominarê

Campo Grande, Rio, 1º de maio de 1984

CANDOMBLÉ DE KETO

ORIGEM

O Candomblé de Keto ou Alaketo, por nós praticado, é de origem nigeriana. Com a vinda do negro para o Brasil, vieram com ele a sua religião, seus costumes e crenças. Assim, surgiu o Candomblé no Brasil.

Os Orishás cultuados pelos negros aqui chegados, dessa região africana, são:

1 – BARÀ e LEGBA (ESHU e BONGO-N-JIRA)
2 – OGUN
3 – ODÉ ou OSHOSSI
4 – OMOLU ou OBALUAYIÉ
5 – OSHUMARÊ
6 – OSANYIN
7 – IROKO
8 – LONGUN-ODÉ
9 – OSHUN
10 – YEMANJÁ
11 – YASÃN
12 – OBÁ
13 – EWÁ
14 – ANAMBURUCU
15 – SHANGÔ
16 – OSHALÁ (OSHOGUIAN e OSHOLUFAN)

Portanto, são dezesseis os Orishás africanos por nós conhecidos, mais os ERÊS, perfazendo o total de dezessete entidades.

SINAL DA CRUZ YORUBÁ

L'URULÓ BABÁ ÓMÓ
A TI ÓMO MI MÓ
AMIN

PAI NOSSO EM YORUBÁ

BABÁ UÁ TINGBÉ LORUN AWÓ LO RÓ KORÉ IJÓ GBAREDÉ IFÓ TIRÉ NIKÁ SI LAIÉ; DINÁUON TUN SI LI ORUN FUN – AWÁ LONJIEJÓ A LONIN DÁRI ESÉ UÁ JI ÁUON TÓ – ESÉ UÁ MAFAUÁ SINURÉ IDAN UÔ SUGBON BUKURÓ LONIN TUN LA SIM, AMIN.

REZA PARA LOUVAR O DIA QUE NASCE

O elemento africano é muito religioso. Em tudo rende graças a Deus (OLORUN), portanto, quando raia o dia, o nigeriano se levanta e louva o dia, dizendo:

OLO OJO ONI
OBARA MEGI DELOGUM
OBARAXE OBARA JI EDEMIM

REZA PARA LOUVAR OS ORISHÁS - ANTES DO XIRÉ

LILO LÔRO CORÉ BABÁ
A TI EM UM ATI EMIM BABÁ
O ATIM BÉ LO UN OLORUM CORÉ.
OGÚN NHÊ PATACORÍ AO ANEGÍ
OSHOSSI ALAN DUDU ODÉ GOLONIN OCURÍOTISSALE
OBALUAYIÊ ACHÉ LEBE LE CORÕ O FRANCOLIN,
AZAOANI QUEREGEBE;
SHANGÔ MOBONA QUE XÉRA JÁ XÉRA
OMOLU, OSANYIN UMBERUDI ASSÁ QUERÉ QUERÉ

REZA PARA OFERECER O EBÔ (CANJICA) PARA OSHALÁ

EBÔ, BABÁ EBÔ UM ALÁ
EBÔ, BABÁ EBÔ UM ALÁ
ORISHÁ TÁLA BORIØ
EBÔ, TÁLA BORIÔ, EBÔ

REZA DOS YAWO - (ACHÉ DO GANTOIS)

OSHUM MAMÃ OLO JOANIM AÊ Ê
OLO JOANIM ILÉ UÁ
OSHUM MAMÃ OLO JOANIM AÊ Ê
INHALAXÉ ILÊ UÁ
OSHUN MAMÃ OLO JOANIM AÊ Ê
BABALACHÉ ILÉ UÁ
OSHUN MAMÃ OLO JOANIM AÊ Ê
EGIXÉ ILÊ UÁ
OSHUN MAMÃ OLO JOANIM AÊ Ê
TATA GIXÊ ELÉ UÁ
OSHUN MAMA OLO JOANIM AÊ Ê
TATA EG-I ILÊ UÁ
OSHUN MAMÃ OLO JOANIM AÊ Ê
PEGI GAN ILÊ UÁ
OSHUN MAMÃ OLO JOANIM AÊ Ê
APOGAN ILÊ UÁ

OSHUN MAMÃ OLO JOANIM AÊ Ê
APOTUM ILÊ UÁ
OSHUN MAMÃ OLO JOANIM AÊ Ê
ADOCHUM ILÊ UÁ
OSHUN MAMÃ OLO JOANIM AÊ Ê
GIBONAM ILÊ UÁ
OSHUN MAMÃ OLO JOANIM AÊ Ê
ADAGÁN ILÊ UÁ
OSUN MAMÃ OLO JOANIM AÊ Ê
IAMORÔ ILÊ UÁ
OSHUN MAMÃ OLO JOANIM AÊ Ê
IÁ EFUM ILÊ UÁ
OSHUN MAMÃ OLO JOANIM AÊ Ê
EKÊDE ILÊ UÁ
OSHUN MAMÃ OLO JOANIM AÊ Ê
ABACÊ ILÊ UÁ
OSHUN MAMÃ OLO JOANIM AÊ Ê
DOFONO ILÊ UÁ

(Em seguida, diz-se de Dofono até o último yawo que estiver recolhido no barco. Ex.: Dofonitinho, Forno, Fumutinho, Gamo, Gamutinho, Vimo e Vimutinho).

YORUBÁ - DIALETO OFICIAL DO ALAKETO

PRONOMES EM YORUBÁ

EMI	– eu
IWO	– tu
OUN	– ele
AUÁ	– nós
EUYIN	– vós
IWONYI	– estes, estas
IWONNI	– aqueles, aquelas
WÕ	– que, o que
TEMI	– meu, minha
TIRÉ	– teu, tua
TIRE	– seu, dele, dela
TIWA	– nosso
TIYIN	– vosso
TIWON	– deles, delas

NUMERAÇÃO DECIMAL EM YORUBÁ

OFÔ	– zero
OKAN	– um
MEGI	– dois
METÁ	– três
MERIN	– quatro
MARUN	– cinco
MEFÁ	– seis
MEJE	– sete
MEJÓ	– oito
MESAN	– nove
MEUÁ	– dez

NUMERAÇÃO ORDINAL EM YORUBÁ

IKINI	– primeiro
EKEJI	– segundo
EKETÁ	– terceiro
EKERIN	– quarto
EKARUN	– quinto
EKEFÁ	– sexto
EKEJE	– sétimo
EKEJÓ	– oitavo
EKESÁN	– nono
EKEUÁ	– décimo

VOCABULÁRIO DO DIALETO YORUBÁ, LINGUA OFICIAL DO ALAKETO

ANÁ	– ontem
ADÊ	– coroa
ÁGA	– cadeira
AGANJU	– terra firme
ÁRÀ	– corpo
APÁ	– braço

APÓ	– bolso, saco
ATIM	– pemba preparada
AUON	– eles
AUÁ	– nós
ALAKETU	– rei do keto
ALUFA	– sacerdote
ABADO	– milho
ALÁ	– pano
AKÒNI	– professor
AKÈTE	– cama
ALAFIN	– título do rei de Oyô (Shangô), rei
ADIFA	– sacerdote de Ifá ou consultor
AGBA	– pessoa adulta
AJA	– divindade beneficente
AROMI	– senhor da medicina das florestas
AJO	– reunião
ABOMALÉ	– venerador de espíritos
AJÔ	– Eshu em Nagô-Mina
ABERÊ	– agulha
ABERÊ	– leque, abano
ABERÊ-ALUBE	– alfinete
AKÉTÈ	– chapéu
APEJO	– encontro
ARAKONRIN	– irmão
ARABINRIN	– irmã
ARIRAN	– vidente
ÁRA-MI	– meus parentes
A FE MI	– eles me amam, eu sou amado
ABERÓ	– galinha
AYABÁ	– rainha (senhora, mulher, etc.)
AKUKÓ	– galo
AYA	– esposa
AWÓ NI ILÊ NÊWA	– nós temos dez casas
AWON NI ASIN METÁ	– elas têm três cavalos
ATIJÓ	– há muito tempo
ABEDO OGAN	– não, senhor
AWÁ DO LAIPÉ	– chegamos cedo
ARUM	– cinco
AWON IGI NÃ	– as árvores
ABELA	– vela, mesmo que lume
APOLÓ	– sapo
AJEUN	– oferecendo comida

AJEUMAN	– não, obrigado
AJEUNQUER	– aceito, sim
ABOSSIFUÓ	– obrigado (agradecimento)
AXÓ	– roupa
ACOROMBÉ	– Shangô, no Jêje
AGUXÓ	– sopa de legumes
ADÉ	– homossexual
AMAPÔ	– vagina
BAMERÊ	– oferecendo café
BAMERI DÍ	– não, obrigado
BABALAWÔ	– sacerdote de Ifá
BARÀ	– Eshu
BALUWÊ	– banheiro
BOWÓ	– apertar as mãos
BIMO	– dar à luz, parir
AGÉ	– regra menstrual
BADÍ	– nádegas
BORÍ	– cobertura da (à) cabeça
BOYÁ EMI YO LO	– talvez ele vá
BONIKI	– cavalheiro
BABÁ	– pai
BÁ	– com, oara
BOYÁ	– talvez
BENI MO WA	– sim, eu venho
BE KÓ	– assim não
BÊNI	– sim
BUBURU	– mau
BATÁ	– sapato
BUZENGUE	– quartinha, no Jêje
BABÁ MI	– meu pai
DIEDIE	– pouco a pouco
DURO	– ficar
DIE	– pouco ou aos poucos
DAJU-DAJU	– certamente
DAKÉ	– silêncio
DAVÓ	– lençol
ENIN	– esteira
ESIN	– água, no Jêje
ARÔ	– o que é? (homem respondendo)
ERÔ	– segredo
EDÍ	– nádegas
ERAN	– carne

EPAN	– pênis (no Jêje)
ERAN-PETERÊ	– carne fresce
ERAN-POLU	– carne seca
EKÓ	– mingau de farinha de milho branco
FIBÔ ou FIBO	– vestir ou esconder
FITILA	– lâmpada
FERÈ	– quase
FI	– por, para, com
FATOLU	– falso
GBA MI GBO	– acredita-se (acredita-me)
GAGATOLU	– Oshóssi no Jêje
ITÓ	– urinar
IDAUI	– tempo
ILÊ	– casa
IJO	– reunião
IGI	– árvore
ILE-AYÈ	– o mundo
INÁ	– fogo
ILU	– cidade, terra
IMALE	– emblema religioso
IRU	– tal
IWO RI AWON ARAKORIN	– você vê os homens
IFÁ	– deus da adivinhação
IZÔ	– fogo, jo Jêje
IFÉ	– amor
IYALODÊ	– senhora, dama
IYÁ	– mãe
JÉ	– comer
JEUN	– alimentar-se (alimentar)
JINDE	– levantar-se
JOBÁ	– reinar
JEKI	– deixar
JINA	– longe
JULO	– o mais
KI NLO?	– posso ir?
KI LI IWO FE?	– que quer você?
KI?	– o quê?
KIYESI	– atenção
KIAKIA	– apressadamente
LAIPÉ	– cedo
LONI	– hoje

LÁNÉ	– ontem
LOTUNLA	– depois de amanhã
LOLA	– amanhã
LEHIN	– depois
LAIRERA	– fraco
LOKUN	– forte
LALÉ	– à tardinha
LU	– sobre
LORU	– à noite
LOKÉ	– para cima
LETI	– perto de
LEKAN	– uma vez
LAI LAI	– para sempre
MOGE	– o que é (mulher respondendo)
MELOKAN	– poucos
MI RAN	– um outro
MUXINGA	– disciplina
MACANHO	– fumo
NIGBATI	– quando
NKAN TI IWO K'ODARÁ	– o que você diz não está certo
NIBO	– onde
NINI	– dentro
NIWAJU	– em frente
NITARINA	– portanto
NITORITI ou NITORIPE	– porque
OIN	– mel de abelhas
OMIN	– água
AFIDAM	– espião, olhômetro
OFITON	– banheiro
COCOIDÊ	– orinol
OMIRAN	– algum outro
OPOLOPO	– muito
OJO KI OLO	– você devia ir
ON NLO LONI	– ele vai hoje
ONIRURU	– vários
ODU OK AN	– um ano
ASHU OKAN	– um mês
OBUKÓ	– bode
OKOBIRIN	– marido
OBINRIM	– mulher
ODIDÉ	– papagaio
ÒLÓDUMARÉ	– o todo poderoso

OMI-IYÓ	– água salgada (do mar)
OKUTÁ	– pedra
OKU	– cadáver
OJU	– olho
OJURAN	– sonho, visão
OKÔ	– deus da montanha de Abeokutá
ORUN	– sol
OXUPÁ	– lua
ORISHÁ OKÔ	– deus da agricultura
OWÓ OU UWÔ	– dinheiro
ÔTO ou UTÓ	– lavar-se-, assear-se
ORUKÓ RÉ?	– qual é o seu nome?
ORUKÓ MI NJÓ	– meu nome é...
OJO	– dia
OKÁ	– milha
OBANLA	– grande pai
OBALUFON	– deus da paz do reino
OSÉ	– planta (lê-se OZÉ)
ONI´	– hoje
OKAN NUNU MEGI	– um dos dois
OLORUN	– Deus
OSÁ	– lagoa
OLOSÁ	– deus da lagoa ou OLOXÁ
ONÁ	– arte
OLONÁ	– artista
OFÁ	– arco
OLOFÁ	– arqueiro
OSÉ (OXÉ)	– machado
OGBON	– sabedoria
ARÒ	– riqueza, mesmo que ORÔ
OLORÒ	– rico
O MASE O!	– que pena!
ONIFA	– adorador de Ifá
OBINRIN	– mulher
OKORIN	– homem
OMODÉ	– criança
OMOBIRIN	– menina (filha)
OMOKUNRIN	– menino (filho)
OMODEBIRIN	– menina (erudita)
OMODEKUNRIN	– menino (erudito)
OKÓ	– marido
ODUDUA	– terra

OLOKUN	– deus do mar
ONIPIN	– supremo ser
OSÉ	– feiticeiro
ONISSEGUN	– doutor (médico)
ORE MI AWON	– meu caro amigo
OBÁ	– rei
O BURU TAN	– ele é muito mal
ON TI DE LATI MU'OMI	– ele veio para beber água
OMIERÉ	– mesmo que abô (banho e chá de ervas do santo)
POJU	– mais
PE	– tarde
PETITI	– pequeno
SIWAJU	– antes
SIMI	– silêncio
SIBÉ	– contudo
SODO	– perto de
SE EYI FUM EMI	– faça isso para mim
SEGUN	– fazer remédio
TAN I WA NIBÉ?	– quem está lá?
TÓ	– bastante
TAN	– muitíssimo

NOME DOS ANIMAIS EM YORUBÁ

AJAPÁ	– cágado
ADIÉ	– galinha
AKUKÓ	– galo
ABABÓ	– galinha velha
ACUTAN	– carneiro
ODÁ	– bode capado
OBUKÓ	– bode
KONKÉN	– galinha d'angola
ETUM	– galinha d'angola
PEPÉYE	– pato
ODIDÉ	– papagaio
ELÉDI	– porco
EI KOI CI	– veado
MALU	– boi ou vaca
DAN	– cobra
APOLÓ	– sapo

OS ATABAQUES

O Candomblé de Keto ou Alaketo é tocado em três atabaques, que são, respectivamente:

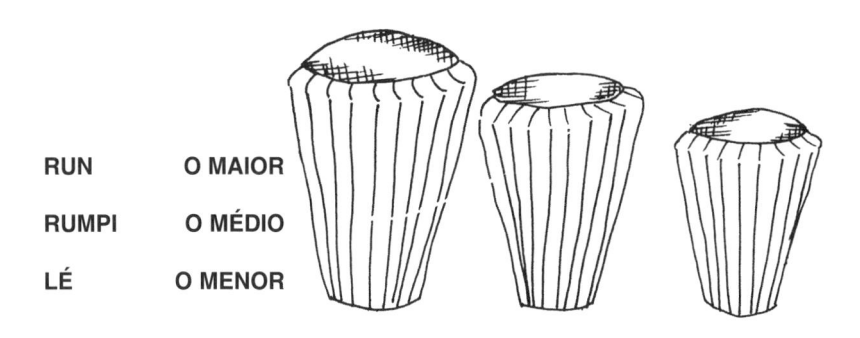

RUN   O MAIOR

RUMPI   O MÉDIO

LÉ   O MENOR

O agogô, tocado para marcar o candomblé, também de tradição Ala-keto, chama-se GAN.

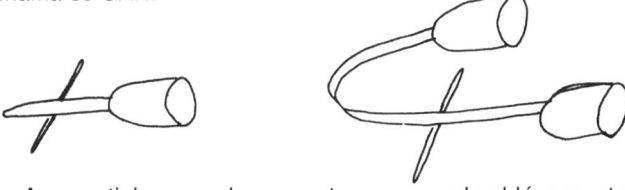

As varetinhas usadas para tocar o candomblé nos atabaques, chamam-se OGUIDAVÍS.

Dar *RUM* ao Santo, significa colocar o Orishá na sala para dançar as cantigas e rezas que lhes são destinadas.

NOMES DOS TOQUES DOS ORIXÁS

ALUJÁ	– SHANGÔ
AGERÉ	– OSHÓSSI
OPANIJÉ	– OBALUAYIÉ e OMOLU
BRAVUN	– OSHALÁ e BESSÉN
IJESHÁ	– OSHUN, LOGUN-ODÉ e OSHALÁ
ILU	– YASÁN
EGÓ	– YASÁN
ADERÉ	– YEMANJÁ

ORDEM DE UM BARCO DE YAWO

DOFONO – PRIMEIRO
DOFONITINHO – SEGUNDO
FOMO – TERCEIRO
FUMUTINHO – QUARTO
GAMO – QUINTO
GAMUTINHO – SEXTO
VIMO – SÉTIMO
VIMUTINHO – OITAVO

PARA CONSAGRAR E DAR DE COMER AOS ATABAQUES DA CASA:

Depois de encourados, mande limpar os atabaques com o omieró da casa. Feito isso, forra-se um enim (esteira) no chão, forrada de branco e na cabeceira colocam-se as comidas dos santos a quem se dedica cada um dos atabaques, três velas, e coloca-se os atabaques ali deitados, cobertos de branco. Parte-se um obi e joga-se para ver se foi aceito. Depois oboriza-se os atabaques e dá-lhes matança de bichos consagrados aos orishás a quem pertencem os atabaques. Em cima do atabaque, corta-se um pombo. Depois, quando suspendê-los, levá-los para os seus lugares e os Ogans confirmados tocarão em *bravun*, para que eles possam chamar os Orishás. Depois disso, só quem poderá colocar a mão neles serão os Ogans e quando não estiverem tocando, deverão sempre estar cobertos de branco. Se o santo para o qual o atabaque foi consagrado não levar dendê, nunca deixe que ninguém, sob pretexto algum, coloque dendê em cima do atabaque de sua casa de santo.

OLUBAJÉ:

É a cerimônia anual dedicada a Omolu e Obaluayiê, tradição de Keto, terra onde se faz o Andê, que é uma cerimônia semelhante. O Olubajé começa de madrugada com as matanças oferecidas a Omolu. Durante o dia, prepara-se comida seca para todos os orishás e coloca- se aos pés de Omolu. À noite, faz-se um candomblé e quando tocar para Omolu, veste-se todos os que virarem. Depois, as Yabás levam as comidas na cabeça, para o tempo, e os Omolus, acompanham. As comidas são servidas nas folhas de imbaúba a todos os filhos e a todos os que estiverem presentes. Pede-se a saúde, etc. Normalmente, o Olubajé é feito em agosto.

NOTA:
Na Casa que tiver Omolu raspado é obrigatório fazer o Olubajé.
A cantiga é a seguinte:
OLUBAJÉ A JÉ UM BÓ
ARAÊ OLUBAJÉ
OLUBAJÉ A JÉ UM BÓ
OLUBAJÉ A JÉ UM BÓ

Pela cor das contas (guias), usadas ao pescoço, distinguimos a que Orishá pertence cada indivíduo. Cada nação (tribo) de Candomblé, desde a origem, tem as suas cores próprias. No Keto, as cores são as seguintes:

OGUN	– azul marinho
OSHÓSSI	– azul claro
OMOLU	– preto e branco, rajadas
OSHUMARÉ	– em algumas Casas usa-se o preto e amarelo, rajado; em outras, amarelo, rajado de marrom, preto e vermelho
OSANYIN	– verde e branco, rajado
IROKO	– é o dono do rungeve
LOGUN-ODÉ	– amarelo-ouro e azul-claro, em contas alternadas.
OSHUN	– amarelo-ouro
YEMANJÁ	– branco, cristal
YASÁN	– marrom
OBÁ	– vermelho
EWÁ	– amarelo, rajado de vermelho
ANAMBURUCU	– azul, rajado de branco. Em algumas Casas, usa-se lilás.
SHANGÔ	– rei de Oyó, sua cor é a marrom e branco, usam-se contas alternadas. Veste-se de vermelho e branco.
OSHALA	– branco

DIA DOS ORISHÁS

DIA DOS ORISHÁS
Cada dia da semana é dedicada a um Orishá africano, assim como cada parte da natureza é regida por um deles. E, assim, segundo a tradição, temos:

SEGUNDA-FEIRA	– OMOLU, OBALUAYIÉ, ESHU e OYA BALE
TERÇA-FEIRA	– OGÚN
QUARTA-FEIRA	– YASÁN, SHANGÔ e OBÁ
QUINTA-FEIRA	– OSHÓSSI, LOGUN-ODÉ e OSHUMARÉ
SEXTA-FEIRA	– OSHALÁ
SÁBADO	– TODAS AS YABÁS
DOMINGO	– TODOS OS ORISHÁS e ERÉ

Yabás – são os orishás femininos do Candomblé.
Aboró – são os orishás masculinos do Candomblé.

SHIRÊ

Shirê é a ordem de como são tiradas as cantigas de Candomblé; sete para cada Orishá, de Ogún a Oshalá. O shirê do Keto é assim:

01 – BARÁ ou ESHU	09 – OSHÚN
02 – OGUN	10 – YEMANJÁ
03 – ODÉ ou OSHÓSSI	11 – YASÁN
04 – OMOLU ou OBALUAYIÉ	12 – OBÁ
05 – OSHUMARÉ	13 – EWÁ
06 – OSANYIN	14 – ANAMBURUCU
07 – IROKO	15 – SHANGÔ
08 – LOGUN-ODÉ	16 – OSHALÁ

OBRIGAÇÃO DE UM ANO DE SANTO

A obrigação de um ano de santo é uma oferenda de comidas secas a todos os Orishás. É quando pode-se assentar Eshu (do yawo) se não o tiver feito quando da feitura, e dar-lhe um bicho de quatro pés (Bossé) calçado. Na cabeça do yawo não se coloca nada e este deve descansar nas comidas secas 24 horas ou três dias. Não leva kelê. Depois de levantar o yawo, deve-se levá-lo à uma cachoeira, para lavar-lhe a cabeça. Pode-se fazer uma festa de obrigação de ano, vestindo ricamente o orishá do yawo para o RUM na sala.

QUEDA DE KELÉ DO YAWO

Na queda de kelê não é necessário que se dê um toque. Pode-se fazê-lo se o desejar. Recolhe-se o yawo e manda-se o mesmo dar ossé no santo. Pela madrugada, dá-se um obi no yawo, com um pombo ou konkén e tira-se o kelê, cantando a reza das yabás, porque Oshun é a dona do kelê. Quando desamarrar o kelê do yawo, pede-se o hilá ou hilári (brado de guerra) do orishá.

SAUDAÇAO DOS ORISHAS DE ALAKETO

Cada divindade tem o seu modo especial de ser saudado, que lembra a origem e o nascimento de cada um.

OGUN	– OGÚN NHÉ, PATACORI' AO ANEGÍ
OSHÓSSI	– OKÉ ODÉ COKÊ MAIÓ
OMOLU	– ATOTÔ AJUBERU
OSANYIN	– EU UEU ASSÉ (UEU UE ASSÁ)
OSHUMARÉ	– RUBOBOI DAN
IROKO	– IRÔKO EU AGUÊ
LOGUN	– LÔCI LÔCI LOGUN
OSHUN	– ORA IÊ IÊU AFIDELIMAN
YEMANJÁ	– ERUIÁ ou ODOIÁ
YASÁN	– EPARREI OYÁ
OBÁ	– OBA XÍ
EWÁ	– RINRRÓ
ANAMBURUCU	– SALUBA
SHANGÔ	– OSHÉ KAÔ CABIECILE (OXÉ KAÔ CABIECI ILE)
OSHALÁ	– EPA BABÁ ou ECHEU EPA
BABÁ É BANDOMIRE	
ERÊ	– EREMIM
BARÁ	– LAROIÊ ESHU OMOJUBÁ

SINCRETISMO RELIGIOSO

Quando os africanos chegaram ao Brasil, na condição de povo dominado, ou escravizado, pelo regime português, encontraram aqui os jesuítas e foram obrigados a praticar o catolicismo. Como possuíam culto próprio, o Candomblé, sincretizaram através das imagens dos santos da Igreja Católica os Orishás do Candomblé. Tal prática ficou tão intimamente ligada aos nossos costumes que nos dias de hoje quase não conseguimos separar uma coisa da outra, tão grande foi o período desse sincretismo) ou modo de dar continuidade aos cultos negros.

OGUN	– Santo Antônio
OSHÓSSI	– São Jorge
OBALUAYIÉ	– São Roque
OMOLU	– São Lázaro
OSHUMARÉ	– São Bartolomeu
IROKO	– São Francisco

LOGUN-ODÉ	– Santo Expedito ou São Miguel Arcanjo
OSHUN	– Nossa Senhora da Conceição
YEMANJÁ	– Nossa Senhora das Candeias ou Nossa Senhora dos Navegantes
YASÁN	– Santa Bárbara
OBÁ	– Santa Joana D'Arc
EWÁ	– Santa Luzia
SHANGÔ	– São Jerônimo
OSHALÁ (OSHOGUIAN)	– Menino Jeus
OSHALÁ (OSHOLUFAN)	– Cristo adulto

OS CARGOS MAIS COMUNS NA CASA DE CANDOMBLÉ

Toda Casa de Candomblé tem as suas autoridades, como uma cúpula religiosa, composta das pessoas mais antigas do terreiro, com funções específicas. Cada função ou cargo tem o seu nome próprio e dá atribuições.

BABALASHE	– pai de santo
YÁLASHÉ	– mãe de santo
YAKEKERÊ	– mãe pequena
BABÁKEKERÊ	– pai pequeno
PEDIGAN	– herdeiro do cargo da casa
ADAGAN	– pessoa encarregada de despachar para Eshu os seus padês.
IAMORO	– pessoa encarregada de tomar conta dos yawos que estão fazendo Santo
YAWO	– todos os filhos de santo já iniciados, com menos de sete anos de Santo feito
ABIAN	– quem não é feito no santo
AIBACÉ	– cozinheira do Orishá
EBAMI	– todas as pessoas feitas de santo, que tenham mais de sete anos de feitura
BABÁ-EFUN	– pessoa de sexo masculino que faz a pintura dos yawos (pintura esta chamada de EFUN)
YÁ-EFUN	– pessoa do sexo feminino com a atribuições acima

QGAN-ALABÉ	– pessoa que não se incorpora, encarregado de tocar os atabaques
OGAN-ASHOGUN	– pessoa que não se incorpora, confirmado para a função de oferecer as matanças de animais para o santo
OGAN-KALOFÉ	– homem confirmado para a função de cantar o Candomblé e marcá-lo com o GAN.
EKÉDE	– mulher que não se incorpora, confirmada para a função de vestir os santos, e acompanhar o Babalashé ou seu santo e ajudar nas cerimônias

AS KURAS - FECHAMENTO DO CORPO

Em alguns *Achés* de Keto, a *kura* é tomada como infusão de ervas. Porém, na maioria das Casas de Candomblé, as kuras de origem africana, são feitas como incisões ou talhos, e nesses talhos são colocados pequenos punhados de ATIM, que é feito conforme explicação abaixo, para que esse Atim penetre no corpo e o guarneça de males exteriores enviados contra a pessoa. Normalmente, as kuras são feitas no peito, dos dois lados; nas cotas, também dos dois lados; e nos braços. Além dessas, na feitura do santo, abre-se o FARIM, que é uma kura no centro do ORI, do yawo (cabeça), e na sola dos pés, fazendo ainda, alguns zeladores, uma kura na língua de seus yawos, para que os mesmos não comam de comidas trabalhadas, e se o comerem para que essas comidas não lhes façam mal.

Um bom Atim pode ser feito do seguinte modo:

OBI RALADO
OROGBO RALADO
DANDÁ DA COSTA RALADO
SÂNDALO EM PÓ
CANELA EM PÓ
ERVA-DOCE
AÇÚCAR
CARVÃO
NOZ MOSCADA RALADA
ARIDÁN RALADO
LELECUM EM PÓ

PITCHULIM EM PÓ
AS FOLHAS DO SANTO DA PESSOA, SECAS E SOCADAS, PARA SE OBTER O PÓ
Coloca-se tudo num vidro ou qualquer outro recipiente fechado, para não perder o aroma. O Atim tem outras finalidades, como seja, a de se espalhar pela casa para limpá-la e a de soprá-lo antes de começar os trabalhos, etc.

EBÓ BRANCO

Chama-se de *ebó branco* a uma limpeza feita somente com coisas brancas, para afugentar maus espíritos. O Ebó Branco normalmente é feito para tirar EGUNS do corpo do médium ou do cliente.

Passa-se pelo corpo, dizendo: "EU ESTOU OFERECENDO ESTE EBÓ AOS EGUNS QUE ESTÃO ME ATRAPALHANDO PARA TEREM LUZ E PAZ".

O ebó é constituído de:

09 ovos crus
09 bolos de farinha com água
09 acaçás brancos
09 velas (acender)
canjica (ebô) escaldada
muito morim branco
09 bolos de arroz cozido
09 bolos de farinha com mel

Depois que passar tudo isso pelo corpo, pedir: OYÁ BALE, EU QUERO PAZ! OSHALÁ, EU QUERO PAZ!; aí, acender sete velas para Omolu, passar pipocas (doburu), feitas na areia, pelo corpo e pedir "OMOLU ME LIVRE DE TUDO O QUE HOUVER DE MAU NOS MEUS CAMINHOS". Este ebó deve ser passado no corpo em uma estrada ou mata, e depois vá para casa e tome banho de ervas de abô ou omieró.

PARAPREPARAR O ABÔ OU OMIERÓ

LUA: cheia, nova ou crescente
LOCAL: mata
HORÁRIO: antes do nascer do sol

MATERIAL NECESSÁRIO:
– um pote de barro
– obi ralado
– orogbo ralado

- lelecum
- bejerecum
- sândalo
- pitchulin
- noz moscada
- mel de abelhas
- azeite de oliva
- animais correspondentes ao Orishá

MANEIRA DE FAZER:
— vá numa mata, antes do sol nascer, levando um presente para *Osanyin*, *Oshóssi* e *Ogún*. Entregue o presente e entre na mata, colhendo as folhas que precisar. Leve para o Candomblé, amasse ou quine todas elas, cantando cantigas de Osanyin, as quais denominam-se SASSANHAS — e coloque dentro de um pote de barro. Depois coloque obi ralado, orogbo ralado, lelecum, bejerecun, sândalo, pitchulin, noz moscada ralada e tempere com bastante mel, um pouco de azeite de oliva e bastante água. Depois, faça por cima a matança dos animais correspondentes ao santo, para quem está se preparando o abô ou omieró.

Caso não deseje fazer um abô ou omieró para um santo específico, mas para que dele possam fazer uso todos os clientes e filhos de santo da Casa, as folhas a serem usadas serão todas as folhas de Oshalá e as matanças serão somente galinha d'angola e pombo, que podem ser em casal ou um de cada. A cabeça desses animais é colocada dentro do pote, porque são animais sagrados por serem de Oshalá.

O GOVERNO DE CADA ORISHÁ

Como já foi mencionado, cada Orishá ou santo rege uma parte da natureza, um elemento natural. Seus filhos normalmente herdam características no modo de proceder e, por vezes, até em atividades que exercem.

OGUN

Governa e rege sobre as guerras, batalhas, dificuldades e nas estradas. Preside sobre os minérios, daí ser sua ferramenta ornada de material que lembra instrumentos de trabalho na terra, como a pá, cavadeira etc., e por vezes um ofá (arco) por cima desta ferramenta, para lembrar que Ogun é irmão de Odé ou de Oshóssi.

ODÉ ou OSHÓSSI

É o dono da bandeira do Keto ou Alaketo, portanto, o nosso Patrono. É o senhor da caça, da carne e da fartura, e tem como cor o azul claro. Sua ferramenta é o Arco e a Flecha (OFÁ), para lembrar que Odé é um caçador nigeriano, que quando chegava na nação (tribo) com o produto da caçada, todos se ajoelhavam para rezar a Deus pela fartura obtida.

OMOLU ou OBALUAYIÊ

Senhor da medicina e da saúde. Conta a lenda que tendo se contaminado de lepra, foi retirado do reino dos Orishás e colocado na terra. Yemanjá, mãe da criação, condoeu-se e tratou de Omolu, que é filho de Nanã com Oshalufan e irmão de Osanyin e de Oshumarê e fez dele o Senhor vivo da terra. Suas ferramentas são sete lanças, que representam a ligação entre o céu e a terra.

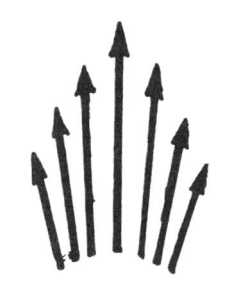

OSHUMARÊ

É o Senhor do Arco-íris e, portanto, o dono do acordo feito de que não haveria mais enchentes que pusessem em risco a segurança da terra, feito entre Olorún e Noé. É tão antigo quanto versa a Bíblia, porque Dan é citado por diversas vezes no antigo testamento. É o Senhor do dinheiro do Jêje e, para nós, simboliza a cobra macho que mora na fonte, de quem Ewá é a fêmea. Seu símbolo e fer- amenta são cobras trançadas entre lanças. Ele, com seu irmão Osanyin e seu irmão Omolu, constituem- se na verdadeira família real dos Orishás.

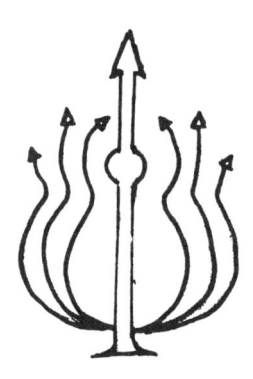

OSANYIN

É o Senhor das folhas do mato. Não se faz um yawo sem se dar presente à Osanyin e sem se colher das suas folhas, para o preparo do omieró ou do abô. E, toda casa de Candomblé, é obrigada a ter Osanyin assentado, devido ao preceito de Sassanha e feitura dos Orishás. Sua ferramenta e assentamento são sete lanças, com uma pomba no meio e uma cobra trançada, o que simboliza ele e seus dois irmãos.

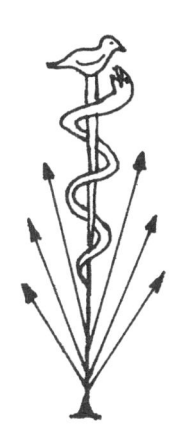

LOGUN-ODÉ

Não é propriamente um Orishá de Alaketo. É feito nessas águas devido à Oshun e Oshóssi, de quem é filho. Mas nasceu no Efan ou Ijeshá. Logun-Odé é príncipe em todas as nações (tribos) de Candomblé, inclusive no Jêje, onde vem com o nome de Mavi. Ele é o dono do ouro da Oshun, da fartura de Oshóssi, e tem os cuidados de Yemanjá. Sua ferramenta e assentamento se forma com um Ofá de metal amarelo, com a ferramenta de Oshun, sua mãe.

OSHUN

É a rainha do Candomblé, senhora das águas correntes, dos rios, particularmente do Rio Oshun, é a dona do tesouro, do ouro do Candomblé e a rainha do Yjeshá ou do Efan. Sua ferramenta é o Ibá, que constitui-se de uma corrente de metal amarelo, onde se vê pendurados peixinhos, pentes, coroa, abebê, idezinhos etc., tudo em metal amarelo, representando o ouro de que é possuidora.

YEMANJÁ

Senhora das águas salgadas, mãe da criação e do mar, é também a mãe de Shangô. Yemanjá e mãe de Eshu, do qual Ogún é patrão e sua ferramenta é um Ibá semelhante ao de Oshun, sendo, porém de metal branco. Oshun e Yemanjá são duas santas (Orishás) que no Jêje existe uma qualidade de Ayabá chamada Azirí-Tobôssi, que é a junção das duas, usando branco cristal e amarelo-ouro.

YASÁN

É a Senhora dos ventos, do barro vermelho e sua lama, dos Eguns, é a dona do cemitério e tem como cor o marrom. É ela quem carrega os espíritos dos mortos. É a senhora do cobre e foi rainha, por ter sido es¬posa de Shangô. Sua ferramenta é o Ibá de cobre, com todas as caracte¬rísticas iguais aos de Oshun e Yemanjá. Aliás, todas as Ayabás usam ibá como ferramenta de assentamento.

OBÁ

É a Senhora das guerras e a dona do cobre, do qual Yasán é senhora. É também a dona do amor, por isso resolve as questões sentimentais que lhe são solicitadas. Obá teve a orelha cortada, por amor. Seu assentamento é um Ibá de cobre semelhante ao de Yasán, porém, leva também um escudo e uma espada de cobre, além dos idés e vinténs e leva a vasilha de cobre.

EWÁ

É a cobra fêmea do Candomblé, que não dorme, sendo, portanto, a Senhora das vistas. Preside sobre a visão, e além do mais é a fêmea de Oshumarê. No caso do assentamento, se difere das Ayabás somente porque seu Ibá é uma cobra de metal amarelo, enroscada, que fica sobre o okutá.

ANAMBURUCU

É a mais velha das Ayabás ou Senhora. Sincretizada por Nossa Senhora de Santana, ela é a-Senhora das chuvas, das águas paradas, do poço e da lama. Seu assentamento é semelhante ao de Oshun e de Yemanjá, a não ser que queira se fazer o assentamento de Nanã no pote de barro. Nanã já é um Orishá quase raro entre nós. Quase não se vê filhos de Nanã em uma casa de Candomblé.

SHANGÔ

É o Rei do Candomblé, Rei de Oyó e é cultuado em toda a África. É o Senhor da justiça e tem como ferramenta dois Oshés (machados). É o Senhor do raio e do trovão. Seu assentamento, porém, é na gamela e seus okutás são pedras de raio.

OSHALÁ

É o pai da criação, Senhor de tudo, do branco e da paz. A ferramenta de Oshalá (Osholufan) é o símbolo do Divino-Espírito, ou seja, uma pomba sobre um globo terrestre. E o símbolo de Oshoguian é um Ibá contendo um pilão, escudo, espada e os inhames de Oshalá, ou seja, as varas da justiça e providência divina.

NOTA: *O assentamento de Shangô e Oshalá fica em cima do pilão e a mão do pilão fica ao lado.*

ESHU ou BARÁ

Bará é o termo yorubá que veio a significar Eshu em português. O povo de Keto não queria Eshu. Portanto, existia dentro de cada tribo um Bará somente, que era chamado de BARA ALAKETO, ou o vingador da Nação de Keto. Isso se explica, devido ao negro não precisar cada um ter o seu Eshu ou escravo do seu Orishá assentado, porque ele não saia de dentro da tribo para uma vida exterior. O seu mundo se reduzia a sua tribo e cada tribo era um país.

Hoje, porém, a maioria das pessoas praticantes do Candomblé tem atividades próprias e necessitam de defesa. O Eshu nada mais é do.que o escravo do Orishá e o elemento de defesa, e até de vingança, porque toma a frente do Orishá cumprindo as suas ordens e também partido das pessoas, atendendo aos seus pedidos. Eshu Bará é um elemento perigoso, porque é pagão. Ele não tem noção do bem nem do mal e trabalha a troco de pagamento que se lhe é dado. Assim, se Eshu for pago, no que ele gosta, para fazer mau a uma pessoa, poderá fazê-lo tranqüilamente, porque não sabe se está fazendo o bem ou o mal. Para ele, ele está executando um trabalho como outro qualquer, para o qual foi pago.

COMO SE AFASTA UM ESHU QUE ESTÁ ENCOSTADO EM ALGUÉM

MATERIAL NECESSÁRIO:

— 21 ovos crus
— 21 velas brancas
— 01 metro de morim branco
— 01 prato de lounça branca

MANEIRA DE FAZER:

— ir em sete encruzilhadas diferentes. Em cada uma delas, passar três velas e três ovos pelo corpo e quebrá-los no chão. Na última encruzilhada, depois que passar isso pelo corpo, se olhar no prato até se ver espelhado nele, aí, estilhaçá-lo no chão. Passe agora o morim pelo corpo, rasgue-o e vá jogando as tiras pela estrada. Quando chegar em casa, tomar um banho de ervas, abô ou omieró.

COMIDA PARA ESHU

MATERIAL NECESSÁRIO:
- farinha
- azeite de dendê
- mel de abelhas
- milho branco
- fígado, coração e bofe de boi
- cebola
- camarão seco socado
- um oberó

MANEIRA DE FAZER:
- mi-ami-ami: é a farofa amarela (farinha misturada com azeite-de-dendê.
- padê branco: é a farofa de mel (farinha de mandioca, misturada com mel de abelhas).
- padê branco: é a farofa d'água (farinha misturada com água, bem soltinha.
- acaçá branco: o acaçá feito de milho branco de canjica, moído e enrolado na folha da bananeira depois de cozido.
- eran: fígado, coração e bofe de boi, cortados em pedaços miúdos, misturados com azeite de dendê, camarão seco socado e cebolas cortadas em rodelas, num oberó.

COMIDA PARA OGUN

MATERIAL NECESSÁRIO:
- inhame
- azeite-de-dendê
- mel de abelhas

MANEIRA DE FAZER:
- frita-se o inhame na brasa. Depois disso, descasca-se e tempera-se no azeite-de-dendê e mel de abelhas.

ERAN:
O eran de Ogún é feito com miúdos de boi, cortados bem pequenos e cozidos no azeite-de-dendê. Depois, eles são passados num refogado de cebola ralada e estão prontos.

EFUN:
Farofa de mel – mistura-se a farinha de mandioca com o mel de abelhas e pronto. Pode-se colocar num oberó, nos pés de Ogún, ou nas estradas, pedindo a Ogún que adoce os seus caminhos e suas estradas.

COMIDA PARA ODÉ ou OSHÓSSI

MATERIAL NECESSÁRIO:
– milho vermelho
– mel de abelhas
– coco e um oberó

MANEIRA DE FAZER:
– axoxó: é a comida mais comum de Oshóssi – cozinha-se o milho vermelho somente em água, depois deixa-se esfriar, coloca-se num oberó com bastante mel de abelhas e enfeita-se por cima com fatias de coco.

COMIDA PARA OMOLU E OBALUAYIÉ

DOBUBU:
MATERIAL NECESSÁRIO:
– milho alho (para pipocas) ou milho vermelho
– areia da praia

MANEIRA DE FAZER:
– numa panela quente com areia da praia, estourar o milho e está pronto o doburu.

OUTRA COMIDA:
MATERIAL NECESSÁRIO:
– feijão preto
– cebola
– camarão seco
– azeite-de-dendê

MANEIRA DE FAZER:
– cozinha-se o feijão preto, só em água, e depois refoga-se na cebola ralada, camarão seco e azeite-de-dendê.

COMIDA PARA OSANYIN

MATERIAL NECESSÁRIO:
– batata-doce
– cebola
– azeite-de-dendê
– um oberó

MANEIRA DE FAZER:

– cozinha-se a batata-doce só em água. Depois, descasca-se e amassa-se feito purê. AT, mistura-se num refogado de cebola ralada com azeite-de-dendê, e coloca-se tudo num oberó.

COMIDA PARA OSHUMARÊ

MATERIAL NECESSÁRIO:
– feijão fradinho
– milho vermelho
– cebola
– azeite-de-dendê

MANEIRA DE FAZER:

– cozinha-se o feijão fradinho em água. Separado, cozinha-se o milho vermelho também em água. Depois, juntar o feijão e o milho, num refogado de cebola ralada com azeite-de-dendê.

NOTA: *Oshumarê e Ewá comem juntos. Oshumarê é a cobra macho e Ewá a cobra fêmea, chamados no Jêje de Dan-Bessén ou Azaundô.*

COMIDA PARA LOGUN-ODÉ

MATERIAL NECESSÁRIO:
– milho vermelho
– feijão fradinho
– azeite-de-dendê
– cebola
– camarão seco socado
– um oberó
– inhame
– ovos cozidos
– coco
– mel de abelhas

MANEIRA DE FAZER:

– cozinha-se o milho vermelho só em água. Separado, cozinha-se o feijão fradinho, também só em água. Refoga-se o feijão fradinho com azeite-de-dendê, cebola ralada e camarão seco socado. Coloca-se o feijão fradinho em metade de um oberó e, na outra metade o milho vermelho. Frita-se um inhame e coloca-se por cima em fatias, em volta, enfeita-se com ovos cozidos em rodelas, fatias de coco e coloca-se bastante mel de abelhas por cima.

COMIDA PARA OSHUN

OMOLOKUN:
MATERIAL NECESSÁRIO:
– feijão fradinho
– cebola
– camarão seco socado
– azeite-de-dendê
– 8 ovos cozidos
MANEIRA DE FAZER:
– cozinha-se o feijão fradinho só em água. Em seguida, tempera-se num refogado de cebola ralada com camarão seco socado e azeite- de-dendê. Coloca-se em uma tijela e enfeita-se por cima com 8 ovos cozidos, descascados.

COMIDA PARA YEMANJÁ

EJÁ:
MATERIAL NECESSÁRIO:
– peixe de qualidade VERMELHO
– azeite-de-dendê
– camarão seco socado
– cebola ralada

MANEIRA DE FAZER:
– cozinha-se o peixe em refogado de azeite-de-dendê com camarão seco socado e cebola ralada.

DIBÔ:
MATERIAL NECESSÁRIO:
– canjica cozida
– azeite-de-dendê
– camarão seco socado
– cebola ralada

MANEIRA DE FAZER:
– cozinha-se a canjica, tempera-se com azeite-de-dendê, camarão seco socado e cebola ralada.

COMIDA PARA YASÁN

ACARAJÉ:

MATERIAL NECESSÁRIO:
– feijão fradinho
– camarão seco socado
– cebola ralada
– azeite-de-dendê

MANEIRA DE FAZER:
– coloca-se o feijão fradinho de molho em água, para descascá-lo cru. Depois, mói-se o feijão e mistura-se com a cebola ralada, camarão seco socado e deixa-se a massa descansar, coberta por um pano ou com uma pedra de carvão no meio. Depois, bate-se bem a massa para dar ponto, e fritam-se bolos tirados com a colher, no azeite-de-dendê bem quente.

COMIDA PARA OBÁ

MATERIAL NECESSÁRIO:
– feijão fradinho
– cebola
– camarão seco socado
– azeite-de-dendê
– farinha de mandioca
– um oberó

MANEIRA DE FAZER:
– cozinha-se o feijão fradinho em água. Depois, mistura-se num refogado de cebolas raladas, camarão seco socado, azeite-de-dendê e água. Por cima, adiciona-se farinha de mandioca, fazendo um pirão e coloca-se num oberó.

NOTA: *Conta-se que Obá é a dona do amor e quando se quer solucionar uma questão de amor, oferece-se uma comida desta na beira do lago, com muitas velas e flores.*

COMIDA PARA ANAMBURUCU

MATERIAL NECESSÁRIO:
– folha de taióba ou mostarda
– cebola ralada
– camarão seco socado
– azeite-de-dendê

MANEIRA DE FAZER:
- cozinha-se bem a folha de taióba ou mostarda, e em seguida tempera-se num refogado de cebola ralada, camarão seco socado e azeite-de-dendê.

NOTA: *Esta comida chama-se* DAMBORÔ.

COMIDA PARA SHANGÔ

AGEBÓ ou ABEGBÓ:
MATERIAL NECESSÁRIO:
- 12 quiabos
- mel de abelhas
- azeite-de-oliva
- água

MANEIRA DE FAZER:
- cortam-se os quiabos crus em rodelas numa tijela com mel de abelhas, azeite-de-oliva e água. Bate-se com as mãose depois oferece-se a Shangô com os pedidos que desejar receber.

AMALÁ:

MATERIAL NECESSÁRIO:
- uma boa porção de quiabos
- cebola ralada
- camarão seco socado
- azeite-de-dendê
- rabada ou carne de peito

MANEIRA DE FAZER:
- cortam-se os quiabos em pedacinhos bem pequenos, depois tempera-se com cebola ralada, camarão seco socado e azeite-de-dendê. Cozinha-se bastante e depois mistura-se com rabada, ou carne de peito bem cozidos, cortada em pedacinhos pequenos.

COMIDA PARA OSHALÁ

EBÔ:
MATERIAL NECESSÁRIO:
- canjica branca
- mel de abelhas
- algodão
- água

MANEIRA DE FAZER:
- cozinha-se a canjica somente em água. Depois de bem cozida, coloca-se numa vasilha branca, coloca-se bastante mel de abelhas e cobre-se com algodão.

ACAÇÁ:
MATERIAL NECESSÁRIO:
- canjica branca
- folha de bananeira

MANEIRA DE FAZER:
- mói-se o milho de canjica, cozinha-se até dar ponto de ficar bem durinho e enrole os bolinhos na folha da bananeira.

INHAME ACARÁ:
- cozinha-se o inhame e depois amassa-se feito um purê. Faz-se bolinhos na mão e coloca-se em pratos brancos. Oferece-se a Oshalá.

NOTA: *Todos os Orishás do Candomblé comem acaçá branco. Em cima da comida do Orishá, antes de oferecer-lhe, deve-se abrir um acaçá branco.*

COMIDA DE CABOCLO
MATERIAL NECESSÁRIO:
- alface
- farinha de mandioca
- mel de abelhas
- azeite-de-oliva
- carne crua
- uma travessa de barro

MANEIRA DE FAZER:
- faz-se uma salada de alface, com uma farofa d'água ou de mel, carne crua e azeite-de-oliva por cima, coloca-se tudo numa travessa de barro.

OUTRAS COMIDAS:
- abóbora moranga, assada na brasa, com mel de abelhas;
- aipim ou mandioca, assado na brasa, com mel de abelhas;
- Ebô (canjica) com fumo de rolo desfiado e coco;
- mingau de milho vermelho com coco e fumo de rolo;

- milho vermelho com coco e fumo de rolo desfiado;
- amendoim cozido em água, com mel de abelhas;
- vinho branco, moscatel e cachaça.

QUIJILAS

É tudo aquilo que o nosso anjo-da-guarda rejeita, por qualquer motivo peculiar, que por vezes desconhecemos. Existem as quijilas da própria Nação de Keto e as de cada Orishá. As principais delas são:

- não passar atrás de corda de animal
- não deixa passar com fogo nas nossas costas
- não pagar nem receber dinheiro em jejum
- não passar embaixo de escadas
- não comer abóbora
- não comer peixe de pele (só comer peixe de escamas)
- não comer caranguejos
- não comer siri
- não comer muçum ou arraia (quijila de Oshun)
- não comer cajá
- não comer carambola (pertence a Egun)
- não comer fruta-de-conde ou sapoti
- evitar abacaxi (quijila de Omolu)
- evitar carne de porco (quijila de Omolu)
- evitar manga-espada (quijila de Ogun)
- evitar manga-rosa (quijila de Yasán)
- evitar tangerina (quijila de Oshóssi)
- não comer caça (quijila de Oshóssi)
- não comer carne nas segundas e sextas-feiras
- usar roupa branca nas segundas e sextas-feiras
- evitar carne de pato (quijila de Yemanjá)
- evitar carne de ganso (quijila de Oshumarê)
- não comer carne de pombo ou galinha d'angola
- não ter em casa penas de pavão (tiram a sorte)
- não varrer casa à noite
- evitar coco (quijila de Oshóssi)
- evitar melancia (quijila da Oshun)
- evitar fubá de milho (quijila de Oshóssi)
- não pregar botão em roupa no corpo
- não usar roupas pretas ou vermelhas
- evitar cemitérios
- não comer a comida queimada do fundo das panelas

- não rogar pragas
- evitar palavrões e ofensas
- evitar aipim ou mandioca (pertence a Egun)
- não comer bertália
- não comer taioba (quijila de Anamburucu)
- não comer pepino
- não comer das folhas do jambo
- não comer jaca
- evitar ovos (quijila da Oshún)
- não comer as pontas: cabeças, pés e asas das aves
- não jurar pelo santo, nem pedir mau para os outros
- o povo de Keto não faz mal aos outros. O vingador, para todas as ocasiões, chama-se Bará Alaketo, que é o Eshu que responde pelas injustiças que nos fizerem.
- evitar mostarda (quijila de Anamburucu)
- Oshalá tem quijila a todas as comidas preparadas no azeite-de-dèndê, portanto os filhos de Oshalá não podem comer delas.
- não comer amoras e evitar passar embaixo do pé de amora (pertence a Babá Egun).
- nunca se fala cuscuseiro nem cuscus, para não revoltar Obaluayiê e Omolu – fala-se agerê e bolo branco.
- filho de Oshóssi não come milho vermelho, nem milho verde.
- nunca misturar ori com epô, para não dar quijila.
- quando estiver em dúvida sobre uma qualidade de Orishá, não coloque azeite-de-dendê no okutá do santo. Substitua o dendê pelo azeite-de-oliva, que pertence a Oshalá e pode ser usado por qualquer Orishá.

NOTAS IMPORTANTES:
– os búzios para assentamento de santo (Orishá) são sempre abertos.
– nunca se faz um santo sem dar presente à Osanyin.
– não se assenta Omolu sem assentar Anamburucu.
– não se assenta Nanã sem se assentar Omolu-
– o pepelè de Keto é em cima de banquinhos e não em cima de talhas.
– o pepelè em cima de talha é feito principalmente em casas de Angola.
– Ifá é o deus da adivinhação.
– Orumilá é mãe de Oshun e da adivinhação.
– costuma-se assentar Omolu e Obaluayiê sete dias antes da feitura.
– nunca se faz Ogún sem assentar Oshóssi.
– nunca se faz Oshóssi sem assentar Ogun.

- nunca se faz Oshun sem assentar Yemanjá.
- o Bará é conferido e tratado três dias antes da feitura, quando se lhe dá comida.
- quando se faz Oshalá, se assenta Oshun e Yemanjá.
- sempre que recolher um yawo, usa-se um pote para fazer o omieró ou abô do santo que estiver recolhido.
- na terra de Keto não existe caboclo. Porém, no Brasil o caboclo é um elemeno nosso, ao qual respeitamos e admitimos como Orishá.
- Shangô costuma ser assentado seis dias antes de sua feitura.
- Oshalá pode virar no quarto de santo, antes do nome do yawo, em qualquer yawo, mesmo que este não seja de Oshalá, porque Oshalá é o pai de todos.

PEDIDOS DE BÊNÇÃO - MAIS COMUNS

MUTUMBÁ	responde-se	MUTUMBÁ ACHÉ
OKOLONFÉ	responde-se	OKOLONFÉ EMIM
ODABOSSIA	responde-se	AO RÉ
ESSAN	responde-se	ASSANRERÈ
BENÔI	responde-se	BENÔI
KUNFUNFUN	responde-se	KUNFUNFUN ZAMBIAPONGO
MACUIÚ	responde-se	MACUIÚ NO ZAMBI

VOTOS DE FELICIDADES E BÊNÇÃOS

OLORUN BAKUNFUN	DEUS LHE ABENÇÕE
OLORUN MODUPÉ	DEUS LHE DÊ FELICIDADES
OLORUN DIDÊ	DEUS NOS DÊ FELICIDADES
NIFÉ KI OLORUN FÉ	SEJA FEITA A VONTADE DE DEUS
OLORUN MISSARIÊ	MUITO OBRIGADO
ZÁMBI NA QUATEZALA	MUITO OBRIGADO
Responde-se:	Auê Zamba Angola
SHANGÔ ABOSSIFUÓ	MUITO OBRIGADO
Responde-se:	Aché

BORI

A palavra Bori significa, em português, cobertura à cabeça. Um obi com água ou mel se dá na cabeça de qualquer pessoa que, em desespero nos procurar, como ato de caridade.

1 – *OBI À CABEÇA:*
Usa-se um obi e um ojá para cobrir a cabeça da pessoa, depois que der o obi, uma quartinha branca e uma vela. O obi com água pode ser dado com a pessoa sentada num banquinho ou numa esteira (emim). Parte-se o obi e oferece-se o obi para Oshalá e para a cabeça da pessoa. Em seguida, corta-se um pedaço de um dos gomos e mastiga-se parte dele, dando a outra parte à pessoa, para que o mastigue. Recolhe-se o pedaço que a pessoa mastigou e junta-se com o que mastigamos e dá-se à cabeça da pessoa. Depois, cobre-se a cabeça da pessoa com um ojá branco e coloca-se a pessoa para descansar.
Bebe-se antes água e se dá para a pessoa beber. A vela é colocada para o Anjo-de-guarda da pessoa, na sua cabeceira.

2 – *BORI:*
O bori é mais complexo, porque sendo completo deve-se oferecer ao Orishá da pessoa. Normalmente, se faz uma mesa de comidas secas, velas de sete dias – branca – quartinha branca, obi, a pessoa usa roupa branca, ojá para cobrir a cabeça da pessoa, folha da costa, mel de abelhas e uma vela de cera, para que a pessoa que nos ajudar no bori segure. Coloca-se a pessoa para descansar, depois de passar-lhe um sacudimento pelo corpo, e dar-lhe banho de ervas. Na hora do bori, abre-se o obi e diz-se para o gomo que ficar na mão direita OUÓ OTUM MOFIM RAMÓ. Para o gomo que ficar na mão esquerda, dizer OUÓ OSI MOFIM RAMÓ. Depois, molhar o obi, juntar os dois gomos e dizer ODÔ BOREMAN EMIM BOJE MEGE KEBA OBI (nome do Orishá), A UM LÓ.
Joga-se o obi, se responder ALÁFIA, parte-se o obi e o mastiga, dá-se o obi à cabeça da pessoa e depois faz-se as matanças, cantando para o santo da pessoa e depois faz-se a pessoa descansar ali, pelo menos por três dias.

CANTIGAS

CANTIGAS PARA SAÍDA DE YAWO DE KETO

PRIMEIRA SAÍDA:
Primeira cantiga:
 ARÔ LÊ É COMURAJÔ
 IAÔ IQUE... Ô Ô
 EUÁ ENIM QUEU AÔ
 Ô GUERA Ô QUEU AÔ
 Ô QUEU AÔ QUEU AÔ
 UM LÉ LÉ

Segunda cantiga:
 É OCODIDÉ
 CHETRUPÉ IAÔ
 OPERERÉ
 OCODIDÉ
 CHETRUPÉ IAÔ
 OPERERÉ

Terceira cantiga:
 É BABÁ UIRI
 AJAÚ IRÍ
 ORORIXÁ MI XÉ
 CÓÓ JÁ DÊ
 BABÁ IRÍ
 AJÁU IRÍ
 OROMIXÁ MI XÉ
 CÓÓ JÁ DÉ

 Na segunda saída traz-se o santo, tocando o adjá somente, que é para dar o nome.
TERCEIRA SAÍDA:
Saída dos Orishás de Keto:
 È ODURÒ BEU ALONAN Ô
 Ê A UN BÓ QUEU AJÔ
 Ê DURÒ BEU ALONAN Ô
 É A UN BÓ QUEU AJÔ

 Esta cantiga é usada para a saída dos Orishás, na sala do Candomblé todas as vezes que vierem tomar RUM. Não é somente para santos de yawo. Ela é para o santo vir para a sala dançar.

PARA TIRAR A MÃO DE VUMI ou VUMBI

A mão de vumbi é a mão do pai ou mãe de santo, falecido. No Jêje, não precisa tirar a mão, porque quando da feitura do santo a pessoa não leva Adoshun, mas o Ajauntó, que é uma obrigação semelhante, mas de onde já sai o carrego. No Alaketo, porém, quando o zelador falece, é necessário que se retire a sua mão da nossa cabeça, devido ao adoshun que levamos. A obrigação se faz do seguinte modo: a primeira coisa que se faz é um EBÓ IKÚ, COMPLETO, e depois dá-se comida a Eshu.
Em seguida, leva-se a pessoa para o OMIERÓ. Lava-se a pessoa, o santo da pessoa e todos os seus pertences com relação ao santo. Em seguida, dá-se comida aos santos da pessoa, dá-se-lhe um bori de sangue (bori completo) e obrigação do ano que corresponder, à contar da data da feitura do santo, e está pronto.

Para melhorar, defume tudo com:
incenso, açúcar, lã de carneiro.

NOTA: lã de carneiro é quijila de Yasán e de certas espécies de Shangô. Portanto, filhos de Yasán e de Shangô não devem usar este defumador.

Para melhorar — defume tudo com:
cravo, erva-doce, folha seca de louro, açúcar e incenso.

Defumador para Oshalá (feito às sextas-feiras):
almíscar, ouro (pó), incenso puro.

ALGUMAS CANTIGAS PARA PADÊ DE ESHU

1 – ESHU MARABÔ Ô MOJUBÁ
 É BACOXÉ
 E MARABÔ Ô MOJUBÁ
 E MABE COE COE
 MARABÓ Ò MOGIBÁRA
 LEBÁRA ESHU LONAN

2 – BARÁÓ BERÊ TIRIRI LONAN
 ESHU TIRIRI
 BARÁ O BEBÊ TIRIRI LONAN
 ESHU TIRIRI

3 – AZIQUIRÉ NI VODUM
VODUM CADI CABI
AZIQUIRÉ NI VODUM
VODUM CABI CABI

4 – Ê VODUM LEBÁ Ô
QUINIJÁ
É VODUM LEBÁ Ô
QUINIJÁ
VODUM MADOBÊ
QUINIJÁ

5 – LEBÁRA JABODAM BAULÓ
BÁRA JABODAM BAU ILÈ

6 – XÔ XÔ ABÉ
XÔ XÔ ABÉ
ADABA CORÔ BI EJÓ LAROIÊ
XÔ XÔ ABÉ
ADABA CORÔ BI EJÓ

7 – GONGÓ RONGÓ LAROIÉ
É UM GÓ RUNGÓ LAROIÊ

8 – AIZAM BERÊ
AIZAM BERECÔ
AIZAM BERÊ
AIZAM BERÊUÁ
NITÁLIA NITÁLIA – ATILÉRU Ó

9 – ERULÊ OMIM LAIÓ
ERULÊ OMIM LAIÓ
ERULÊ OMIM LAIÓ

Cantiga para depois que se despachou Eshu, pedindo agô para os Orishás, ou seja, para fazer o Shirê:

DA AGÔ LONAN Ê CASSERUMBÓ
DA AGÔ LONAN Ê
DA AGÔ LONAN Ê CASSERUMBÓ
DA AGÔ LONAN Ê

Cantiga para se suspender Ogan. Quando o santo está suspendendo-o para tal, canta-se o seguinte:
OGAN EUÁ IGENA
OGAN EUÁ Ê Ê Ê
OGAN EUÁ IGENA
OGAN EUÁ Ê

No caso de ser Ogan Alabê, ou, normalmente em todos os casos, ainda se acrescenta:
OGAN EUÁ ALABÊ
OGAN EUÁ Ê Ê Ê
OGAN EUÁ IGENA
OGAN EUÁ IGENA
OGAN EUÁ Ê

Em algumas Casas, mas não em todas, quando se suspense Ekéde, canta-se o seguinte:
AGÔ IGENA EUÁ
MINA COSSINA VURÊ
AGÔ IGENA EUÁ
MINA COSSINA VURÊ

Cantiga para Osholufan, em que pese se saudar um Babalorishá quando o recebe em sua casa, ou por ocasião especial, ou de seu aniversário etc., no barracão:
BABALORISHÁ TENUMBÓ
TENUMBÓ TENUMBÓ FOMAN
ORISHÁ TENUMBÓ
TENUMBÓ TENUMBÓ
FUM AÔ

Cantiga de Keto em que os santos de yawos respondem.
Não é ALAKETURÊ, porque essa cantiga louva a Nação, mas não obrigatoriamente vira os santos.
A cantiga que vira o santo é a morte de cada um, que se escolhe na feitura do Orishá, ou quando se canta para Orishanlá, ou:
Ô LUAÊ Ê
CÓIA CÓIA
CÓIA CÓIA OLUAÊ Ê
CÓIA CÓIA

CANTIGAS PARA OGUN

1 – EUÁ XIRÊ OGÚN Ô
ERÔ JÔ JÔ
EUÁ XIRÊ OGÚN Ô
ERO JÔ JÔ
ERU JÊ JÊ

2 – É OGÚN AJÔ
Ê MARIÔ
ACORÊ AJÔ
Ê MARIÔ
AUÀ LÊ PÁ
LÊ PANAM
OGÚN AJÔ
Ê MARIÔ
E ATUN NHÉ NHÉ

3 – ACORÔ OCOCOBÉ
ALÉÉ MARIÔ
LAURÉ
ACORÔ COCBÉ
ALÊE MARIÔ
LAURÉ

4 – OGÚN PÁ
LÊ LÊ PÁ
OGUN PÁ
OJÁ RÊ

5 – MEGÊ MEGÉ
OGÚN MEGÉ
A OGÚN MEGÊ IRÊ

6 – ACAJÁ LÊ NI OGÚN
MASSÁ NI BÓRUU JÁ
ACAJÁ OGÚN MASSÁ
QUI BÉRU JÁ

7 – IALÊ ALÁ CORÔ
IALÊ ALÁ CORÔ
OGÚN AÉ - AQUI IDAM
AÇORO MAGÉ EBÉ
O LUAÊ ZAN ZAN
ACORÔ MAGÉ BÉ
O LUAÊ ZAN ZAN

8 – OGÚN ORINÊ
AÇORO ONIRÊ OREGUEDÊ
XALARÊ
OGÚN ONIRÊ OREGUEDÊ

9 – OGÚN ONIRÊ
JAM BELE JAM
BELE JAM
OGÚN ONIRÊ JAM
BELE JAM
BELE JAM
OGÚN ONIRÊ

CANTIGAS PARA OSHÓSSI ou ODÉ

1 – FARA RÉ RÉ FIBÔ
ODÉ FIBÔ
FARA REU AFOXÉ
OMORODÉ
ARAUÊ ODÉ ARERÊ OKÊ
EU ANIXÁ RÊ LOKÔ
COMO AFADERAM

2 – AGOGÔ MIRÔ
ODÉ FÉ MIRÔ
CORÔ UM MALÉ
E AGOGÔ ARÉ
ARÊ ARÉ AGÔ
AGOGÔ MALÉ

3 - ARÔ LÉ OCIBODÊ
ERÔ SI BODÊ
ODÊ ARÔ LÊ OCI BODÊ
ERÔSI BODÊ

4 - E LEGIBAM
LEGIBAM BAM BAM
ODÉ LEGIBAM
ODÉCI MOBONA
LEGIBAM BAM BAM
ODÉ LEGIBAM

5 - EDABIAUÊ
E DO BI AUÊ BABÁ

6 - ARÔ LÊ CÔCI
MANÉ COAJÔ
JUNCILÉ ARÔ LÊ

CÔCI MANÉ JUNCILÉ
ONIÊ ARERÊ
Ê COCI MANÉ COAJÔ
ONIÊ ARERÉ
Ê COCI MANÉ COAJÔ

7 - ODÉ OMORODÉ
ODÉ OMORODÉ
ODÉ ARERÊ
ODÊ OMORODÉ MAÓÓ
ODÊ OMORODÉ ONIÊÊ

8 - ARAUARA TÁ FARODÉ
ARAUARA TÁ FAROGI Ô
ARAUARA Ê
ARAUARA TÁ FARODÊ

9 - ACOLÊ MADACOLÊ
ACOLÊ MADAGÔ

ALGUMAS CANTIGAS PARA OMOLU

1 - Ô N'ILÉ UÁ AUÁ
LESSÉ ORISHÁ
OFÊ ILE
ON'ILÊ EUÁ AUÁ
LESSÉ ORISHÁ
OFÊ ILÉ
Ô COLODÔ COLODÔ
SIM SIM
SIM SIM COLODÔ COLODÔ
SIM SIM
SIM SIM COLODÔ

2 - OMONILÊLÊ QUI
NI XÁU ARÊ
SAREU A CAAJÁ

3 - EJÔ ALÉU E JÔ
Ê JÔ ALÉU E JÔ
É JÔ ALÉU E JÔ
AFÁ RE JÔ
ALÉU E JÔ JAMBELÉ

4 - JAMBELÊ QUEU AÔ
QUEU AÔ QUEU AJÔ
JAMBELÊ QUEU AÔ
QUEU AÔ LAIZÔÔ

5 - XAXARÁ BALÉ
FUM AÔ BALÉ BALÉ
XAXARÁ BALÉ
FUM AÔ BALÉ BALÉ

6 – ACÁ QUE BALUAÊ
ACÁ QUE BALUÁ
ACÁ QUE BALUAÊ
ACÁ QUE BALUÁ
OLÊ CULÉ XAORÔ
OLÊ CULÊ XAORÔ

7 – ONDURÊ PIPOCAN
ONDURÊ PIPOCAN
AÊ AÊ ONDURÉ PIPOCAN

8 – AÊ AÊ
APÁ RA PÁ
AÊ AÊ
APÁ RA PÁ

9 – OMOLU PAJUBÁ LAICÓ OUÓ
ONIÉ
OMOLU PAJUBÁ LAICÓ
ONIÊ

ALGUMAS CANTIGAS PARA OSHUMARÊ - BESSÊN (SALA)

1 – OSHUMARÊ A
LELÊ MALÊ
OSHUMARÊ
LELÊ MALÉÊ
ARACÁ
LELÊ MALÊ
OSHUMARÊ

2 – OSHUMARÊ COBEGIRÓ
COMBEGIRÓ

3 – LECI LÉ BERECÔ
UN GUERAN GUERAN
LECILÉ BERECÔ
GUERAN GUERAN

4 – TINA TINA TINA
BESSEN NA DÉ BAUIRA
TINA TINA TINA
BESSEN NHA DÉ BAUIRA
BESSEN NHA DÉ BAUIRA
BESSEN NHA DÉ BAUIRA

5 – ATIN DAN
ATIN DAN NHAM
SACUJENU NO ATINDÊ

6 – IDAN E BARA SURÔ
SURÔ SURÔ
ABARÁ GUARÁ SURÔ

7 – ELEGUEJO LEGUEJÔ
FAREJO LEGUEJÔ
AFARA FARA DIDÊ
LEGUEJÔ
AFARA FARA DIDÊ
AI DAM

8 – ATIN DAN I DAN
A RUBOBOI Ê IDAM IDAM
ORENDEUÁ Á

9 – IDAM
ACORÊ JABÔ
DEUÉ IDAM
ACORÔ JABÔ IDAM
PARA QUEDÊ ISODAM
ACORÔ JABÔ
DEUÉ ÉÊ
ACORÔ JABÔ IDAM
PARA QUEDÊ ISUDAM

ALGUMAS CANTIGAS PARA OSANYIN

NOTA: As cantigas de Osanyin são Sassanhas, cantadas quando se quinam as folhas do omieró.

1 – ABEBÊ EMBÍ
   ABEBÊ MEMBÓ
   È ABEBÉ
   ABEBÊ EMBÍ A
   BEBÊ MEMBÓ
   Ê ABEBÉ

2 – ATACOLE OJÚ EUÊ
   AINAM NA COLE
   OJU A BOCUM

3 – È OJÁ UM A BURURU
   ODA UM A BURURU
   OSSAIN A
   LORÉ A INAM

4 – E MOJE EUPE
   MOSSORÓ Ô
   MOJE EUPE MOSSORÓ
   EBELORA MÍ
   EBELORA MIM
   MAJE UEPE MOSSORÓ

5 – AI DUDU
   MALÉ TÉU URÉ
   AI DUDU
   MALÉ TÉU URÉ
   MALÉ TÉU URÉ
   MALÉ TÉU URÉ
   AI DUDU
   MALÉ TÉU URÉ

6 – XAU UREPEPÊ
   VODUM OSSAIN ALARÁ
   XAU UREPEPÉ
   VODUM OSSAIN ALARÁ Ô

7 – É AGUÊ MARÉ
   AGUÉ MARÉ
   PARA QUE SODAM
   AGUÉ MARÉ

AVANINHA

Cantiga para recolher os santos de Candomblé, ou para qualquer outra atividade correlata, dentro do barracão:

VODUN PASSO MADOBÊ
AVANINHA LAICÔ
AÉ AÊ
AVANINHA LAICÔ

CANTIGA DE SALA PARA IROKO

Devido ao fundamento de Iroko, na sala de Keto, normalmente não se canta para Iroko. Porém, nós saudamos Iroko na sala e cantamos, pelo menos, uma cantiga para ele. Em caso de feitura de Iroko, aí sim, faz-se um shirê completo só para ele.

IRÔKO MAÉRA
LOKOLOKO
IRÔKO MÁERA
CUJEMBÊ

ALGUMAS CANTIGAS DE CANDOMBLÉ NA SALA PARA LOGUN-ODÉ

1 – FERE FERÉ
NA PAJUANA XAUNANA
FÉREFÉRE
NA PAJUANA Ô

2 – ODÉ GUERÉ
AI LOGUN
ODÉ GUERÉ
FARA LOGUN-ODÉ

3 – MADE MADI ODÉ
IAÔ O
MADE MADI ODÉ
I XORÔ O

4 – TAVA NA BELA COXÉ
LOGUN Ô

5 – LOGUN VEM DE NAGÉ
CÁTA CÁTA APEROLÁ Ê
AÉ Ê LOGUN
É DE MINA VODUM

6 – Ê E BAUILA XÊ
ACHÉ DE EFAN
BAUILA XÊ

7 – AÊ A BAISSÁ
LOGUN Ê Ê Ê
AÊ A BAISSÁ
LOGUN É Ê Á
AÊ A BAIXÁ
LOGUN ABE CÓIA CÓIA
LOGUN ABE CÓIA CÓIA
IZO RIZO FIRIMANHA
LOGUN ABE A CÓIA CÓIA

8 – LÊ LÊ LÊ LÊ LÊ
E LOGUN LÊ LÊ É BOQUÊ
LÊ LÊ LÊ LÊ LÊ
E LOGUN ARÔ ARÔ
FARA LOGUN
FARA LOGUN
FARA LOGUN FÁ
LÔCI - LÔCI - LOGUN

ALGUMAS CANTIGAS PARA OSHUN

1 – ARIDÊ Ê BEÔ
OMIRÔ
ARA AUÁ Ô MIRÔ

OMIM DESCEN D'OLORUN
ÔMIRÔ
ARA AUÁ Ô MIRÔ

2 – SI MA D'OMIM MÁ D'OSHUN
MAREUÁ
SI MA D'OMIM MÃ D'OSHUN
MAREUÁ
IABÁ CI LÉ D'OMIM Ô YABÁ
SI MA D'OMIM MÁ D'OSHUN
MAREUÁ

3 – IÁ OMIM NIBU
D'ORIÔ DO ORISHÁ
OLELÉ Ô

4 – QUEM QUÉ OSHUN
ORISHÁ ORÊÔ
AIRÁ IRÀ

5 – MABOIÁ YABOIÁ
MABOIÁ YABOIÁ
OMIM NIGEBE
OMIM NIBU
MABOIÁ YABOIÁ

6 – YE YEU
AJÁ MIM DÊ
JOGA JOGA OSHUN YE YEU
AJÁ MIM DÊ LAÁ ORÔ
OSHUN DÊ
ALÁ ORÕ
YEDEBEMIM
YALÁORÔ

7 – LEFIBÔ L'OIÁ
LELO OSHUN
LEFIBÔ L'OIÁ
LELO OSHUN Ô
LEFIBÔ - LEFIBÔ L'OIÁ
LELO OSHUN

8 – OSHUN ADOLAAIA
E MONA D'OIM
OSHUN ODALAIA IABÁ
E MUIÉ D'OIM

9 – E A D'OSHUN MAGÉ
IÁ LÁ ORÔ

10 – NHEM NHEM NHEM
Ô LORIÔ
NHEM NHEM NHEM
Ô LORIÔ
NHEM NHEM NHEM
E OSHUN BALÁ EJÔ
E OSHUN BALÁ EJÔ

11 – MOROMIMÁ
MORO MIMÁ IÓ
MORO MIMÁ IÓ
ABADÔ LAYE YEU Ô
AI AI D'OSHUN
OSHUN MIRÊ YE YEU

12 – OJÁ LÁ DÊ
OJU LÁ DÊ
A OJU MURA YE YEU Ô
ORA YE YEU Ô MINHA
JAU ELÉ
A OJÚ MURA YE YEUÔ
Ô LAU ALE LEU ALE LEU A
OSHUN ADÊ UÁ A MI XORÔ DÔ
LEU À LEU A LEU À
Ô IE IEU
Ô IEU IEU XORÔ DÔ
Ó LUÁ É MÁ XORÔ
FÉ IFÉ FÉ XORÔ DÔ

13 – OSHUN DA MINA OSHUN DA MINA
BOLÔ COBÔ
OSHUN ADEUÁ OIABÁ AZUELÔ

14 – ONDURÊ Ê CARÊ
CARÊ IJESHÁ
ONDURÊ E CARÊ Ê
CARÊ IABÁ
OMIM CARÊ
CARÊ IJESHÁ
CARÊ E CARÊ IABÁ

15 – ADABA ÔRUM
MAFÉ
I OFÉ LERIÔ
ADABAÔ ORUM
MAFÉ

CANTIGAS PARA YEMANJÁ

1 – MARABÔ LAIÔ
YEMANJÁ
MARABÔ LAIÔ
YEMANJÁ

2 – YHÁO DÊ RECÊ
OSSY YEMANJÁ
YHÁ COTÁ DERECE
JÁORÔ
JOCÔFY YHA JAU ÊRÊ
NIÁ JAU ÊRE
YHÁJAU ÊRE
JOCÔFY YHÁ JAU ÊRE

3 – ALODÊ ALODÉ LODÉ
UBAUBÁ
ALODÊ ALODÊ ALODÊ
UBAUBÁ

4 – AROIÔ UBAUBÁ
UBAUBÁ

AROIÔ UBAUBÁ
JAROIÔ Ô LUASHÊ

5 – ASSÁ VAINHA
DÔ DÊ
ORISHÁ MUNHAM MUNHAM
ASSÁ VAINHA
DÔ DÊ
ORISHÁ MUNHAM MUNHAM

6 – KÊ NO BOJARÉ
KÊ NO SEU YSSY
KÊ NO BOJARÊ
KÊ NO BOJÁ

7 – ORÔ DÔ FI ÔLUÔ DÔ
YAKEKERÊ
ORÔ DÔ FI OLUÔ DÔ
YAKEKERÊ
AUÁ JALÁ AUÁ JA LÁ
YAKEKERÊ

CANTIGAS DE SALA PARA YÁSAN

Primeiro, toca-se um Itu para Yasán, antes de começar a cantar o roteiro de suas cantigas – (sete).

1 – OIÁ DÊ Ê
ARIÔ
NIJÉ CARÁ LÔCI
JOCOLÔ

2 – OIÁ TÊ TÊ
OIÁ TÉ TÊ OIÁ
OIÁ TÊ TÊ AUABÁ
OIÁ TÊ TÊ ALOIÁ

3 – ELOIÁ BELOIÁ
ELOIÁ NICLOIÁ

4 – OIÁ OIÁ
CORÔÔ ODIDÊ
YÁ MUTUMBÁ ALÈ
OIÁ OIÁ
CORO Ô ODIDÊ
YÁ MUTUMBÁ ALÈ
OIÁ OIÁ

5 – OIÁ JAMBE LE JAMBE
OIÁ MUXÁ XÊ
JAMBE LE JAMBE
OIÁ MUXÁ XÊ
JAMBE LE JAM
MUXÁ XÊ

6 - EROIÁ LEBÊ LEBÊ
    OIÁ LEGUÊ MI IÔ

7 - GAN I GAN IRÔKO
    BILI BI
    NIA XAORÔ

8 - O IABÁ ORÔ ORÔ
    OIÁ FELÊ PETÊ Ê MIORÔ
    OIABÁ ORÔ ORÔ

    OIÁ EGUMNITÁ FÊLÉ PETÉ
    Ô MIORÔ

9 - YASÁN NO BÔ ECURÚ
    XÔ XÔ XÔ ECURÚ
    YASÁN NO BÔ ECURÚ
    XÔ XÔ XÔ ECURÚ
    YASÁN DE BALE ECURÚ
    XÔ XÔ XÔ ECURÚ
    VENTU COMO LEVÉ ECURÚ
    XÔ XÔ XÔ ECURÚ

CANTIGAS DE SALA PARA OBÁ e EWÁ

São duas santas para quem quase não cantamos na sala, a não ser em casos especiais ou quando se raspa qualquer das duas. Caso contrário, cantam-se apenas três cantigas para cada, se desejar.

OBÁ

1 - AJAMBA ELECÔ
    AJÁ UNCÍ
    OBÉ ELECÔ
    AJÁ UM CI
    ÁLUÔ OU OBÁ
    SAMBA OU OBÁ
    AJAMBA ELECÔ
    AJÁ UNCÍ

2 - OLUOJÁ PAROJÁ
    OLUOJÁ PARAMÁ
    OLUOJÁ PAROJÁ
    OLUOJÁ PARAMÁ

3 - OBÁ AO IRÍ
    ÓFÁ AO IRÍ
    IRIU ERÊ
    OFÁ UERÉ

EWÁ

1 - EUÁ EUÁ MAAJÔ
    EUÁ EUÁ
    EUÁ EUÁ MAAJÔ
    EUÁ EUÁ
    OIÁ LOJÁ IRÚ
    LEÉSSERÉ
    EUÁ EUÁ MAAJÔ

2 - É CHEGUE CHEGUE EUÁ
    CHEGUE CHEGAN
    EUÁ CHEGUE CHEGAN EUÁ
    EJUREESSÔ

3 - A XENHEM XENHEM
    DAKEO ANAM
    A XENHEM XENHEM
    DAKEO ANAM
    A TOOLODÊ
    TOOLODÊ
    A TOOLODÊ
    TOOLODÊ

CANTIGAS DE SALA PARA NANÃ ou ANAMBURUCU

1 – MI CORAAJÔ
QUEU ALÉ
ÔMONILÊ Ê CORAJÔ
NANAM INSURÊ
OMONILÉ Ê CORAJÔ
CORAJÔ Ô CORAJÔ
AFUM LÉ LÉ É CORAJÔ

2 – É YA LAAURÉ
A IEÚ TOLOXÔ

3 – A MUNHAM
MUNHAM JAQUESSÔ
NANÃ AJADERÊ

4 – XALÁ O AJÔ
OLUÔ QUEU AJÔ

XALÁ O AJÔ
OLUÔ QUEU AJÔ
OLUÔ

5 – Ô NANÃ
O LUAÊ Ê
E PÉ Ê PÁ

6 – ACULÉRO DÔ
ACULÉRO DÔ OSHALÁ
NANÃ BIRIOTÁ NANÃ
NANÃ BI RI OSHUN NANÃ
NANÃ BI RI OLORUM NANÃ

7 – LOBI NANAIÔ
LOBÓ
NANAIÔ
LOBI NANAIÓ

CANTIGA PARA PASSAR EBÔ IKU NO CORPO DA PESSOA

EBÔ ECUNAM
SARA IÉ IÉ
EBÔ ADIÉ Ô
SARA IÉ IÉ

ALGUMAS CANTIGAS PARA SHANGÕ

A maioria das cantigas de Shangô, para sala, são alujás. A primeira coisa que se faz para Shangô é tocar o Alujá.

1 – PINIMAM FINIMAM
AIRÁ LAIRÁ
FINIMAN BAIZÔÔ
AIRÁ LAIRÁ
FINIMAM BAIZÔ

2 – QUIRÁ
QUE IQUÊ XORODÔ
OLUAÊ
SOBA IMAN ISSALÉ
ORISHÁ
QUINISSEBIUÁ
AIRÁ LAIRÁ IRÁ

55

3 – ONIÊ
OBÁ EUÁ DODÊ
ERU JÉ JÉ
OBÁ IBONA
RÔCO RÚ PAJÉ
EUÁ DODÊ
OLOORÊ OLORIPÁ

4 – TOCO LÁ MANJÁ Ê AÊ

5 – É OBÁ TÔ RIÁ LÁ TÔ
QUI NI SOBEU ARÔ

6 – BARÁ IQUI BARÁ
IQUI BARÁ
IQUI BARÁ Ô

7 – BARU LO QUEREQUÊ
I OBARU LÔ O QUEREQUÊ

8 – Ô LOTIRÊ
LOTIBÁ
OBÁ CABIECÍ-ILÉ
O LOTIRÊ LOTIBÁ

CANTIGAS DE OSHALA

1 – AJAGUNAM BITI OLE
AJAGUNAM BITÍ OLÊ

2 – OLÉ OLÊ Ô LOLÊ
BABÁ É BÁ

3 – OSHAGUIAN ALODÊ Ô
QUE MI BABÁ
SHIRÊ Ô
QUE MI BABÁ SHIRÊ Ô
QUE MI BABÁ SHIRÊ O

4 – OJÔ NI FIE
NI XÁ REÔ
ELE CANFORI XÁ
SHIRÊ
OJO NI FIÊ
NI XÁ REÔ
ELE CANFORI XÁ
SHIRÊ

5 – E BABA UIRI
AJAÚ IRÍ
ORÔ ORISHÁ
MI XÉ COOJÁ DÊ

6 – AJA LÊ MORIÔ LÁ AFORICAN
OYÓ EXEBÉ IBEJI
AJÁ CÓ FIRIRÍ

7 – TENUMBÓ TENUMBÓ FOMAN
BABALORISHÁ TENUMBÓ
TENUMBÓ TENUMBÓ FOMAN
BABALORISHÁ TENUMBÓ
TENUMBÓ TENUMBÓ FOMAN

8 – O VEREQUETÊ
Ô VEREQUETÊ BABÁ
OBÍ ALÁ AGÔ IGENA
O VEREQUETÊ BABÁ

9 – EBÔ BABÁ EBÔ UM ALÁ
EBÔ BABÁ EBÔ UM ALÁ
ORISHÁ TÁ LA BORIÔ - EBÔ
TALA BORIÔ - EBÔ

10 – A TANGA LÁ
A TANGA LÁ
É UM MERÊ NO PARADÁ
A TANGA LÁ
A TANGA LÁ

11 – OSHOGUIAN TÁ NO PANDÊ
TÁ NO PANDÊ
XINDÊ O

12 – SALARÊ ONDURÊ
XALARÊ ONDURÊ

13 – O FILÁ A LAÊ Ô
ILÊ LEUÁ
BABÁ LÁ A LAÊ O
ILÊ LEUÁ

14 – ALÁ O ALÁ RÔ ALÁ
É UM ABÁ ICU PARA DÁ

15 – BABÁ CURA CURÁ CURÁ
XALÁ CURA CURÁ CURÁ

16 – ARA QUEM QUEM QUEM
ALÁ BABÁ ONDURÔ

17 – ONDURE
ONDURÉ AÍ LALÁ
Ê MAMA JÔ OSHOGUIAN
Ê MAMAN JÔ OSHOGUIAN
Ê MAMAN JÔ OSHOLUFAN

18 – ORISHÁ BABÁ ORISHÁ BIEU Ê
ORISHÁ BABÁ
OSHOGUIAN ORISHÁ BIEUÊ
ORISHÁ BABÁ ORISHÁ BIEUÊ
ORISHÁ BABÁ OSHOLUFAN
ORISHÁ BIEUÊ

CANTIGA PARA RECOLHER OS SANTOS

AÊ AÊ A GAMA
A GAMA MADOBÊ
AÊ AÊ A GAMA
A GAMA D'ORISHALÁ
AÊ AÊ A GAMA
A GAMA MADOBÊ
AÊ AÊ A GAMA
A GAMA
D'ORISHALÁ

REZAS

Reza oficial do Keto ou Alaketo: *UNLÉ OU MUJUBÁ* – para ser rezada para chamar os santos dos yawo de Keto, deve ser rezada antes de partir o obi, antes da feitura do santo, e reza-se sempre em jejum.

"BABÁ, MI ECICAM MOJUBARÊ
BABÁ MI ACARANDÉ MOJUBARÊ
GUIAM MI ECICAM MOJUBARÊ
IÁ MI AÇOCÁ MOJUBARÊ

IÁ MI ODÉ OLUNTÈ MOJUBARÊ
IÁ MI ODÉ OLÉ MOJUBARÊ
OSHOSSI ARÔ BORUÊ MOJUBARÊ
IÁ MACI MALÉ ORÔ BORUÊ MOJUBARÊ
BAHNI AJACÚ MOJUBARÊ
IÁ MEÍ OSHUN MOJUBARÊ
OGÚN MOJUBARÊ
OSHOSSI MOJUBARÊ
OBALUAYIÊ MOJUBARÊ
OSHUMARÊ MOJUBARÊ
ANAMBURUCU MOJUBARÊ
OSANYIN MOJUBARÊ
IRÔKO MOJUBARÊ
LOGUN-ODÉ ELEDÁ MI ORÔ BORUÊ MOJUBARÊ
OSHUM MERIM IÁ MI MOJUBARÊ
YEMANJÁ MOJUBARÊ
YASÁN ELEDÁ MI MOJUBARÊ
OBÁ MOJUBARÊ
EUÁ MOJUBARÊ
SHANGÔ ORÔ BORUÊ MOJUBARÊ
OSHOLUFAN MOJUBARÊ
OSHOGUIAN MOJUBARÊ
EBÔ OJÊ RUBEIM"

REZA PARA ANTES DE JOGAR OS BÚZIOS

ODUDUÁ DADÁ ORUMILÁ
BABÁ MIM ALARI QUI BABÁ
OLODUMARÊ BABÁ MIM
BAQUE OXÊ
BARÁ LONAN
COU FIE BABÁ MIM
EMIM LO XIRÊ BABÁ
IFÁ BEMIM MOJUBARÊ
IBÁ ORUM MOJUBARÊ
BABALORISHÁ MOJUBARÊ
OSHALÁ MOJUBARÊ
ESHU MOGIBÁ (bater o pé três vezes)
O QUÊ OXÊ IFÁ AGÔ

FOLHAS PARA LAVAR OS BÚZIOS

COLÔNIA
ERVA DE SANTA LUZIA
FOLHA DA COSTA (SAIÃO)
FOLHA DA FORTUNA
OREPEPÊ
MACAÇÁ
LEVANTE

Colocar os búzios no sereno, em noite de lua cheia. Na manhã seguinte, lavar os búzios com essas folhas antes do sol nascer e deixar descansar por três dias na água com mel. Depois, dar um casal de pombos brancos com um obi e orogbô, azeite-doce e mel. Arriar os achés em forma de cruz. Três dias depois colocar os achés no pé de uma planta sem espinhos. Depois, passe pedra d'ara, água benta e atim d'Oshalà no jogo antes de usá-lo.

COMO SE ASSENTAR O ESHU DO JOGO DE KETO

MATERIAL NECESSÁRIO:
– uma panela de barro
– um obi
– um orogbô
– terra de uma praça movimentada
– terra de uma estrada movimentada
– uma folha de jornal do dia
– terra de sete encruzilhadas
– vinte e um búzios
– pimenta da costa
– muito azougue
– muitos pedaços de imã
– ferro
– aço
– muito ouro
– lama de mangue
– folha de corredeira
– folha de fogo
– folha da fortuna, com cacho floral
– vermelhão
– um pedaço de minério

- um garfo ou ferramenta
- bebidas de todas as qualidades que puder
- uma pedra de encruzilhada movimentada
- muito dinheiro corrente
- areia de praia, da lua cheia

Assentá-lo na crescente, entre doze e dezesseis horas; levá-lo na rua de três em três meses e fazer os pedidos quanto aos clientes. Esse Eshu come quando o jogo come, mas deve-se-lhe acender todas as manhãs, de preferência em jejum e de boca suja e conversar o que quer para o dia.

NOME DOS ODUS DO JOGO DE KETO

1– OCARAN ESHU
2– EGIOKO OGUN
3– ETA-OGUNDA OBALUAYIÊ
4– IROSSUN YEMANJÁ
5– OXÊ OSHUN
6– OBARÁ OSHÓSSI e LOGUN-ODÉ
7– ODI OMOLU e OSHALÁ
8– EGIONÍLÉ OSHOGUIAN
9– OSSÁ YEMANJÁ e YASÁN
10– OGIOFUM OSHALUFAN
11– OWARIN YASÁN
12– EGILAXIBORA SHANGÔ
13– EGIOLIGIBAN AHAMBURUCU
14– IKÁ OSHUMARÉ e OSANYIN
15– OBEOGUNDA EWÁ e OBÁ
16– ALÁFIA ORISHALÁ

Um aberto e quinze fechados: OTUBI — Orishá de pé
Quinze abertos e um fechado: OBEONOM — Eshu pedindo comida
– OBUKÓ.

JOGO DE BÚZIOS COM QUATRO BÚZIOS ABERTOS EM KETO

Quatro abertos: ALÁFIA – tudo certo ou tudo bom.
Quatros fechados: I KU – mau — pessoa morta
Três fechados e um aberto: TAUAR – notícias
Dois fechados e dois abertos: MEGE – confirma o recado anterior.
Um fechado e três abertos: OROSUM – tudo de ruim

JOGO DE OBI DE DOIS GOMOS – KETO

Para partir o obi, pedir agô aos Orishás, rezando o Unlé ou Mojubá e abri-lo em seguida com as mãos.

Para o gomo que ficar na mão direita, dizer:
OUÓ OCI MOFIM RAMÓ
Juntam-se os dois gomos, depois molha-os, dizendo:
ODÔ BOREMAN EMIM BOGE MEGE KEBA OBI (nome do Orishá) a UN LÓ

QUEDAS:
OBI BITICUM
OBI TINBIJÔ
OBJ UIBAUM
OBI OMIM BAFUM

SIGNIFICADO DOS ODUS E MODO DE DESPACHÁ-LOS

OCARAN - ESHU:
Susto, grandes perigos, prisão, roubo, perda de tudo e trabalhos feitos. Quando aparecer este Odu, despacha-se a rua depressa com omim. Avisa-se ao cliente para fazer ebó iku e dar depressa comida à Eshu, e se o cliente for filho deste odu, despacha-se o odu e troca-se pelo odu obará..

COMO DESPACHAR O ODU OCARAN - ESHU
MATERIAL NECESSÁRIO:
– sete folhas de mamona com talo
– quatro padês: dendê, água, mel e cachaça
– sete palmos de morim preto, vermelho e branco
– sete velas
– um frango

MANEIRA DE FAZER:
– abrir as sete folhas de mamona no chão, colocar as quatro farofas, um bocado de cada em cada folha. Passar no corpo da pessoa. Bater o talo da mamona nas costas da pessoa. Matar o frango e colocar o sangue dentro das sete folhas. Dividir o frango em sete pedaços, um pedaço em cada folha. Cobrir tudo com morim. Correr sete encruzilhadas, em cada uma deixar uma folha e uma vela acesa. Depois, dar comida seca a Ogún e assentar o novo odu da pessoa, ou dar-lhe pelo menos comida.

EGIOKO – OGUN:
Demanda, guerras, tendência para grandes triunfos, inimigos ocultos; cuidado.
Saudação para este odu: EGI KOMAGE-OJI-KOAMIM
Se for caso de prisão, dá-se um ebó ao redor do presídio. Este odu não precisa ser despachado. Dá-se um ebó para ele, assim:
– um cachorro e aluá para Ogun
– se não souber dar o cachorro, enfeitar com fitas e ojás e apresentar a Ogun. Soltá-lo vivo na estrada e dar um bode a Ogun.
– dá-se três banhos para filhos deste odu.
- um banho de milho vermelho
- um banho de canjica
- um banho de feijão fradinho torrado
Todos os três banhos deve-se despachar na estrada.

EBÔS PARA CASO DE PRISÃO

Escrever o nome do preso em vinte e um ovos. Quebrar ao redor da delegacia ou do presídio, chamando por Eshu Tiriri e pedindo o que quer.

Fazer um caruru para sete crianças. Limpar as mãos na roupa da pes¬soa e despachar na cachoeira.

Se a pessoa ainda não tiver sido presa, limpe as mãos das crianças na roupa e no corpo da pessoa. Depois, despachar a roupa na cachoeira e dar um banho de cachoeira na pessoa.

ETAOGUNDA - OBALUAYIÊ:
Doenças, golpe, paixão, suicídio ou herança. Quando aparecer este odu, vê-se se a pessoa é deste santo. Em caso contrário, vê-se-lhe as doenças. Ebó para passar no corpo, para limpar pessoas deste Odu Etaogunda:

MATERIAL NECESSÁRIO:
– um quilo de fígado
– peito
– miolo
– coração
– rins
– garganta
– buchada
– vinte e um acaçás brancos
– um quilo de milho vermelho torrado
– pano preto

- milho vermelho
- milho branco
- sete velas

Entregar na porta do Balé.
Depois, tomar três banhos de canjica. Passar em três pontos de fogo de pólvora e depois dar comida a JAGUN, igual à terra – pombo, konkén, batata-inglesa no azeite-doce.

IROSSUN - YEMANJÁ:
Calúnia, falsidade, desastres, indecisão, pessoas desconfiadas, ou pessoas que não confiam em ninguém, falsidade dentro de casa. Problemas de família.

EBÓ PARA O ODU:
Um quilo de arroz nos quatro cantos da casa, depois de três dias varrer a casa e levar o lixo para o mar. Dar três defumadores em casa, com arroz em casca e açúcar.

PARA DESPACHAR ESTE ODU

Passar vinte e um ovos no corpo e vinte e um acaçás brancos. No fim de três dias, levar tudo para o mar e quebrar os ovos. Se espelhar num prato branco e quebrar o prato. Em seguida, vir para casa e passar no corpo:
- um caranguejo
- um cadeado
- quatro ecurus
- uma corrente
- uma peça de cadarço
- uma panela com tampa
- um frango
- azeite
- cachaça
- vela

Coloca-se tudo dentro da panela, matar o bicho pelos caminhos de iorossun e tampar a panela. É levado para o mangue. Se não levar para o mangue, faça-o no mangue.

Se o Odu for com Yasán, ou vier acompanhado de Yasán, despacha-se assim:
— quatro ecurus
— quatro velas

– quatro torcidas de algodão
– quatro pedaços de morim branco
Coloca-se os ecurus nos pedaços de morim e depois vai batendo no quintal, para mostrar o caminho à Yasán. Faz-se trouxinhas com os ecurus e o morim. Faz-se torcidas de algodão e amarra-se nas trouxinhas. Amarra-se na ponta de um bambu e acende-se quatro velas em volta do bambuzal.

NOTA: *toda vez que se despacha um Odu, dá-se comida ao novo odu que se traz para o filho do Odu despachado ou assenta-se o novo Odu, desde que este seja um Odu bom. Joga-se para ver a aceitação, ou se está faltando alguma coisa e o que é que falta.*

OXÊ – OSHUN:
Ilusão, notícias, questões em justiça, problemas de saúde e barriga. Este é um Odu de ouro e felicidade no futuro ou de um futuro brilhante.
Nenhum Odu de ouro precisa ser despachado. Porém, caso seja necessário despachar este Odu, faz-se o seguinte:
– uma bacia de ágate
– cinco espelhos
– cinco acaçás brancos
– cinco bolos de farinha
– cinco moedas
– cinco pedaços de pano branco
– cinco pedaços de pano amarelo
Fazer cinco trouxas, em cada uma colocar um dos elementos acima. Depois, passar pelo corpo, colocar na bacia e despachar nas águas correntes.

OBARÁ - OSHÓSSI e LOGUN-ODÉ:
Riquezas, este Odu é o mais rico. A pessoa que possui este Odu Obará só dá comida dando também amalá ou agebó de seis quiabos e nunca de doze, e sempre deve chamar este Odu em voz alta nas quartas-feiras de lua cheia.

EBÓ PA RA O ESHU DE OBARÁ

– seis qualidades de legumes cortados em seis
– seis acaçás brancos
– seis velas
– seis palmos de morim branco

– seis punhados de milho vermelho
– seis punhados de milho branco cozido
– seis bolos de farinha com mel
Passar no corpo e despachar em casa comercial de movimento, ou em praça bem movimentada.

PARA SE CHAMAR POR OBARÁ - PRESENÇA

Colocar seis acaçás brancos abertos, com seis búzios abertos enfiados no acaçá e seis moedas correntes também. Colocar os tipos de frutas diferentes, seis doces, seis pedaços de obi, um orogbô partido no meio, seis conchas de praia e seis punhados de areia apanhados na lua cheia. Colocar tudo isso numa tijela branca e arriar na cumeeira da casa, oferecendo ao Deus Axopá, com seis folhas da costa.

EBÓ PARA OBARÁ NO SEXTO MÊS DO ANO

MATERIAL NECESSÁRIO:
– uma abóbora grande
– seis moedas correntes
– mel-de-abelhas
– seis acaçás brancos
– seis conchas
– seis punhados de areia
– seis frutas diferentes
– seis pedaços de fumo de rolo
– um copo liso com vinho moscatel
– seis punhados de padê de dendê
– seis padês de mel
– seis padês de água

MANEIRA DE FAZER:
– fazer um buraco na abóbora, pedindo o que quer e colocar dentro seis moedas correntes. Encher a abóbora de mel e colocar seis acaçás brancos, seis conchas, seis punhados de areia, seis frutas diferentes, seis pedaços de fumo de rolo, um copo liso com moscatel, seis punhados de padê de dendê, seis de mel e seis de água e entregar no alto do morro. Depois, oferecer um agebó à cabeça, com seis moedas correntes, nos pés de Shangô e Oshalá.

COMO ASSENTAR OBARÁ

MATERIAL NECESSÁRIO:
- uma panela de barro com tampa pintada de branco
- seis acaçás brancos
- um pedaço de ouro
- um orogbô partido ao meio
- um pedaço de obi
- seis moedas correntes
- seis punhados de areia da praia – na lua e maré cheia
- seis conchas apanhadas na lua e maré cheia.

MANEIRA DE FAZER:
Embrulhar num pano branco. Guardar num lugar que ninguém veja. Tudo de Obará é feito na lua cheia.

COMO ASSENTAR O ESHU DE OBARÁ

MATERIAL NECESSÁRIO:
- terra de seis encruzilhadas de movimento terra de feira livre
- terra de praça movimentada
- terra de praia de lua cheia
- terra de porta de banco
- seis vinténs
- terra de casa comercial de grande movimento
- seis folhas de fortuna
- um imã
- um orogbô
- uma pedra de cevá
- seis pedaços de obi
- um pedaço de ouro
- muitas moedas correntes
- azeite-de-dendê
- azeite-de-oliva
- mel de abelhas
- sal
- vinho moscatel
- um garfo

MANEIRA DE FAZER:
– faz-se uma massa com tudo isso, plantar o garfo. Dar comida com mel;
– a matança despachar em lugar de grande movimento.

NOTA: *não leva dendê para Logun e Oshóssi, que não pegam dendê.*

EBÓ PARA OBARÁ - COISAS BOAS

MATERIAL NECESSÁRIO:
– um preá
– um peixe de escamas
– sete palmos de corda
– azeite, mel, água e pó de bambu

MANEIRA DE FAZER:
– salvar todos os Odus e, em primeiro lugar, Obará. Colocar tudo nos pés de Eshu e deixar três dias. Depois levantar e colocar tudo dentro de uma abóbora grande com mel e grande quantidade de moedas e despachar em uma mata fechada.

ODI – OMOLU e OSHALÁ

O pior Odu. Miséria, desgraça, atrapalhos. Quem tem este Odu atrapalha os outros.

EBÓ PARA DESPACHAR ESTE ODU

MATERIAL NECESSÁRIO:
– um saco de estopa
– um quilo de farinha
– um quilo de sal grosso
– sete esmolas pedidas num dia de segunda-feira
– uma garrafa de azeite-de-dendê
– sete acaçás brancos
– sete velas
– sete palmos de morim preto e vermelho
– sete carretéis de linha preta e vermelha

MANEIRA DE FAZER:
– passar tudo no corpo. Despachar em uma sapucaia bem longe de ribanceira. Depois defumar a pessoa e dar-lhe banho de folhas. Não de omieró. Não se fala o nome deste Odu, que é um Odu ruim. Quando se falar, deve-se cuspir três vezes no chão. Quem tem este Odu deve assistir uma missa em jejum. Levar um quilo de arroz bom, se sacudir com este arroz e não voltar mais naquela igreja.

EGIONÍLÉ - OSHOGUIAN

Brigas, desavenças, fuxicos, traição, mentira. Quando aparecer esse Odu, levanta-se três vezes em reverência a Oshoguian. Esse é o Odu da mentira. Engana até a morte.

PARA DESPACHAR ESTE ODU

MATERIAL NECESSÁRIO:
- oito acaçás brancos
- oito écurus
- oito velas
- oito bolos de arroz
- milho branco cozido
- oito palmos de morim branco
- oito carretéis de linha branca
- uma panela branca

MANEIRA DE FAZER:
- passar tudo pelo corpo, despachar no mar dentro da panela branca.

OSSÁ ou OÇÁ - YEMANJÁ ou YASÁN

Autoridade, capricho, teimosia, viagem, noticias, espiritualidade, início de muitas coisas e amor.

EBÓ PARA ESTE ODU

MATERIAL NECESSÁRIO:
- um frango
- novo acarajés
- nove ecurus
- nove velas
- nove charutos
- padê de epô
- padê de mel
- padê de água
- canjica
- morim
- nove cebolas
- nove palmos de morim preto
- nove palmos de morim vermelho
- nove palmos de morim branco
- feijão fradinho
- roupa velha

MANEIRA DE FAZER:
– passar tudo pelo corpo e despachar no mato.

OFUM ou OGIOFUM - OSHOLUFAN
Doenças, morte, trabalhos feitos e casos amorosos. Grandes perigos. Sujeito à morte. Este Odu é velho e teimoso. Não gosta de cor preta, mas é um Odu muito rico e, por isso, não deve se despachar.
Faz-se um ebó para Ofum com tudo de branco e depois dá-se um bori à cabeça da pessoa, ou um grande ebó.

EBÓ PARA OFUM

MATERIAL NECESSÁRIO:
– 10 velas
– 10 acaçás brancos
– 10 acarajés
– 10 carretéis de linha
– morim
– um saco
– cadarço

MANEIRA DE FAZER:
– passar tudo no corpo – vai-se colocando em cima dos morins.
– depois desmanchar as linhas todas. Coloca-se tudo num saco, amarrar um cadarço e amarrar num pé de árvore, em mata fechada.

OWARIN - YASÁN
Pessoa muito boa influência ou de muito má influência. Se for homem volúvel, lutas por um grande progresso; se for doença, Egun, em cima. Este Odun tem uma filosofia: se aparecer para um doente, não dá preocupação porque quando ele diz que a pessoa vai morrer, esta não chega a adoecer, morre logo.

EBÓ PARA OWARIN, NOS CASOS DE DOENÇAS

MATERIAL NECESSÁRIO:
– um peixe vermelho
– fita de sete cores diferentes – sendo um metro de cada
– sete esmolas
– sete palmos de morim branco
– sete bolos de farinha e dendê

MANEIRA DE FAZER:
- abrir o peixe vermelho e tirar as tripas. Passar tudo pelo corpo da pessoa e colocar tudo dentro do peixe. Despachar dentro do mar. Depois, dar comida à Yasán. Se a pessoa estiver muito ruim, passar pelo corpo da pessoa. Se, de repente, a pessoa levar um susto, está salva.

EBÓ PARA DESPACHAR OWARIN

MATERIAL NECESSÁRIO:
- vinte e um metros de morim branco
- um rolo de barbante branco
- um penico velho
- uma roupa velha

MANEIRA DE FAZER:
- vedar os olhos da pessoa, depois enrolar a pessoa da cabeça aos pés com o morim, cantando cantigas de Axexê, e amarrar a pes pessoa com o barbante. Depois que fizer isso, começar a tirar o barbante e o morim bem devagar e ir colocando dentro do penico, cantando três cantigas para Yasán, três para Nana e três para Omolu. Levar o penico num abismo, jogar e dizer muitos palavrões. Depois, defumar a pessoa e dar-lhe um banho com folhas de Yasán e dar vinte e um acarajés à Oyá Egun-Nitá.

EGILAXEBORA - SHANGÔ

Casos de justiça, dor de cabeça, heranças e bebidas. Quando aparecer este Odu, despachar a rua. Este Odu representa os dozes Obás, onde seis absolvem e seis condenam. Deve-se dar Agebô para Shangô. Porém, se o Shangô for Afonjá, despacha-se o Odu por outro, porque Afonjá é o Odu das discórdias e brigas.

EBÓ PARA PEDIR COISAS BOAS A SHANGÔ – NOS CAMINHOS DE OBARÁ

MATERIAL NECESSÁRIO:
- três folhas de fortuna
- três folhas de saião
- um orogbô

MANEIRA DE FAZER:
– levantar de manhã cedo. Colocar as folhas nas mãos e o orogbô na boca, chamando por OBARATAN, pedir o que quer. Quando terminar, colocar as folhas debaixo do jogo, o orogbô em cima de Shangô e fazer um defumador com raspa de cepo e benjoim, da porta para dentro.

PARA DESPACHAR EGILAXEBORÁ

MATERIAL NECESSÁRIO:
– agebó batido só com água e mel
– um miolo de boi
– uma fronha virgem
– uma cabeça de cera

MANEIRA DE FAZER:
– passar na cabeça e jogar para trás. Um Ogan apanha e despacha nas águas ou no mato.

EGIOLIGIBAN - ANAMBURUCU

Inveja, dúvidas, homem mau, vence as dificuldades, mas não tem sorte no amor, feitiço feito no cemitério, morte na família, golpe, paixão e iku.

Deve-se dar comida à Terra e à labaim, para despachar e um grande ebó iku com tudo o que puder colocar. Em seguida, joga-se para ver onde vai despachar o carrego.

IKÁ – OSHUMARÊ e OSANYIN

Novidas, falsidades, demandas, paixões, demandas passageiras, se for doença é passageira, e vitória final nas coisas que quer resolver.

EBÓ PARA DESPACHAR

MATERIAL NECESSÁRIO:
– um omolocum com quatorze ovos
– sete fitas de cores diferentes
– quatorze acaçás brancos
– quatorze palmos de morim de cores diferentes

MANEIRA DE FAZER:
– passar tudo no corpo e despachar na cachoeira. Não se despacha este Odu porque é um Odu de ouro e dinheiro.

OBEOGUNDA ou OBEGUNDA - EWÁ e OBÁ

Guerra, pessoa com problemas nas partes das pernas ou vistas, guerras de homem por homem, negócios ruins, problemas difíceis de se solucionar. Pode-se trocar este Odu por um melhor, quando for filho ou filha da Casa.

SAUDAÇÃO PARA ESTE ODU: OBETEGUNDA TI OMON

KI EBÓ PARA DESPACHAR OBEGUNDA

– tomar sete banhos de canjica
– depois, oferecer uma canjica ou um prato de frutas na lua cheia.
– defumar a casa com mirra e açúcar

ALÁFIA-ORSSHALÁ

Tudo bem, felicidades, lucros, heranças e coisas boas a caminho. A pessoa que tem este Odu deve usar sempre roupas brancas e fazer negócios sempre que puder nos dias de domingo.

SAUDAÇÃO A ESTE ODU: *ALÁFIA ONAM*

EBÓ PARA PEDIR COISAS BOAS AO ODU

Canjica cozida com bastante mel. Matar um IGBI em cima, passar no corpo, embrulhar num pano branco e entregar no alto de um morro e depois fazer três defumadores de igreja, com: alfazema, alecrim, mirra, incenso e benjoim.

Se houver um 17º búzio, este pertencerá sempre ao bará do jogo, e deve ser sempre fechado.

OUTROS EBÓS

EBÓ PARA YASÁN – OYÁ ONIRA – COISAS BOAS:

– uma abóbora moranga
– quatro búzios abertos
– quatro noz moscada
– quatro moedas
– quatro acarajés
– quatro metros de fitas vermelha/branca
– um saco de morim

MANEIRA DE FAZER:
- fazer um buraco na abóbora, colocar o resto das coisas, depois de passadas no corpo. Tapar a abóbora, amarrar com as fitas. Entregar à OYÁ ONIRA no alto de um morro, às 18 ou 24 horas, acender e pedir tudo de bom.

PARA EVOCAR A PRESENÇA DE ESHU EM QUALQUER LUGAR

AJIBALÁ, AJIBALÁ, AJIBALÁ
ADAKORO, ADAKORO, ADAKORO
AJIFOLORÓ... (falar o nome do Eshu)
ESHU... (nome do Eshu — MOPÉ — três vezes)

EBÓ DE PRAÇA

MATERIAL NECESSÁRIO:
- morim branco
- sete acaçás brancos
- um pombo
- uma barrafa de cachaça
- sete velas
- uma vassoura

MANEIRA DE FAZER:
- passar tudo no corpo, debois um banho de água benta. Defumar a pessoa com palha benta, rezar um credo, quebrar a vassoura e despachar tudo numa praça.

NOTA: *este ebó quebra todos os encantos de iku.*

EBÓ PARA RESOLVER PROBLEMAS DIFÍCEIS

MATERIAL NECESSÁRIO:
- dois acaçás brancos
- dois ovos brancos
- dois quiabos
- duas moedas
- duas conchas

MANEIRA DE FAZER:
- passa-se tudo no corpo e colocar num oberó, colocar bastante mel e arriar numa praça e pedir a MEGE ou MEGIOKO que traga tudo de bom e em dobro. Este ebó tem que ser feito com duas pessoas, acompanhadas de duas crianças.

NOTA: *este ebó só pode ser feito nas terças-feiras.*

EBÓ PARA JUNTAR PESSOAS

Colocar o nome das duas pessoas dentro de um obi e enterrar em um pé de planta sem espinhos, colocar bastante mel e fazer os pedidos.

EBÓ PARA DEIXAR DE BEBER

1 – escrever, os pedidos na fronha do travesseiro e depois despachar no mar.
2 – sacudir a pessoa com pipocas e um frango numa cova abandonada do cemitério, fazer os pedidos e deixar tudo aquilo ali.
3 – torrar a maçã de vaca e fazer o pó. Esse pó deverá ser colocado na bebida que a pessoa mais gosta ou na comida.
4 – fazer uma infusão de cachaça, camarão pitu e restos das fezes do beberrão. Quando ele beber fará vômitos. Quando vomitar, junte o vômito e enterre numa cova abandonada, acendendo e fazendo pedidos.

PARA DESCOBRIR UM ORISHÁ QUE NÃO APARECE

Colocar um obi com uma moeda corrente dentro de uma folha da costa (saião) e colocar três noites debaixo do travesseiro da pessoa. Retirar e colocar no meio do jogo de búzios, pedindo à IFÁ e ORUMILÁ que apresente o Orishá.

EBÓS PARA PRENDER O CLIENTE NA CASA

1 – preparar um banho de manjericão, saião, tapete de Oshalá. Primeiro toma-se o banho e apara-se na bacia. Depois dê para o cliente tomar banho e beber.
2 – soca-se o cipó imbé no pilão na sexta-feira, e põe-se na água. Toma-se banho com o corpo suado, depois apara-se numa bacia, dando para clientes e filhos de santo tomarem.
3 – corta-se cabelos da axila direita e da virilha, um tamanguarê fêmea. Torre-se tudo em uma panela e mistura-se o atim de Oshalá. Passar cruzando os clientes todas as vezes que vierem se consultar.

EBÓ PARA AFASTAR EGUN

MATERIAL NECESSÁRIO:
– nove ovos brancos

- nove ecurus
- nove acaçás brancos
- canjica branca escaldada
- nove velas brancas – acender
- morim branco

MANEIRA DE FAZER:
- passar tudo pelo corpo e pedir à OYÁ EGUNITÁ para afastar todos os males e Eguns. Em seguida, tomar um banho de abô e acender sete velas para Omolu, fazendo os pedidos.
- depois, passa-se um pombo pelo corpo da pessoa e solta-se. Em seguida, a pessoa deverá tomar sete banhos durante sete dias seguidos, cumprindo preceito.

ERVAS NECESSÁRIAS:
- dandá-da-costa ralado
- saco-saco
- erva d'Oshóssi
- aroeira branca
- funcho

COMO ASSENTAR UM ILÉ EM KETO OU JÊJE

Deve-se localizar o meio do terreno e assentar um ota para Shangô e dar-lhe comida doce toda às quartas-feiras, pedindo a Shangô que levante a casa, já que ele é o Rei de Tudo.

Quando for começar a construção da casa, firma-se o terreno nos quatro cantos com folhas de todos os santos, muito ebô e acaçás com folhas-da-costa e mel de abelhas.

Na frente do quintal e por dentro do barracão, faz-se buracos espalhando-se todas as comidas dos Orishás, batata-inglesa frita no dendê, konkén, galo, galinhas e pombos, que se oferece aos Orishás.

No meio do terreno de Jêje não se coloca assentamento, mas sim uma quartinha branca com muito dinheiro atual – moedas – ouro, prata, terra de banco, areia de praia da lua cheia, folhas de todos os Ori shás, um pouco de comida de cada Orishá, mel de abelhas e a matança. Abre-se de três em três anos para dar comida.

A cumeeira oferece-se ao Orishá da casa. Coloca-se então nos quatro cantos da casa tijelas com mel de abelhas e folhas de saião. Joga-se para ver quais orishás irão comer nos quatro cantos do terreiro.

Se for Keto, faz-se um ibá pequeno do Orishá do zelador, para firmá-lo ao chão da casa e dá-lhe comida em cima. Depois de tudo isso, dá-se comida à Odudua.

INICIO DAS AGUAS D'OSHALA - O INHAME NOVO

Homenagem prestada â Oshalá, é o início das festas do fetichismo. Na primeira sexta-feira do mês de setembro, o Babalashé reúne os filhos de santo e se dirigem à fonte mais próxima, com o fim de captarem, antes de raiar o sol, a água precisa para a lavagem do Orishá, que é recolhido aopeji. Em seguida, mediante rezas e louvores, sacrifica-se um caprino – êmea – que é cozido juntamente com o inhamento branco, não sendo permitido o azeite-de-dendê, que é substituído pelo limo da costa. Retirada do fogo e, depois de fria, a refeição é distribuída pelas pessoas presentes. Decorridos três dias, começam as festas, entre as cerimônias sobressai o seguinte: o Babalashé, munido de pequeno cipó, bate nas costas dos filhos da casa. É a disciplina do ritual tem de perdoar as ações más praticadas durante o ano.

OS ORISHÁS

Cada invocação fetichista tem o seu Orishá, que é a representação simbólica do santo.

O africano já trazia a seita religiosa de sua terra; aqui era obrigado, por lei, a adotar a religião católica. Habituado naquela e obrigado por esta, ficou com duas crenças. Encontrou no Brasil a superstição, conseqüência fatal aos povos em sua infância. Fácil lhe foi aceitar para cada moléstia ou ato da vida um santo protetor, como:
- São braz – casos de moléstias da garganta
- São Roque – feridas e chagas
- Santa Bárbara – raios e tempestades
- São Francisco Xavier – contra a peste
- São Marcos – contra bicheiras de animais
- São Lourenço – contra queimaduras
- São Gonçalo e Santo Antonio – para o casamento.

Desta arte, não teve o africano dificuldades em encontrar uma semelhança entre as dividades do culto católico e os ídolos do seu fetichismo, conforme o poder milagroso de cada um. Assim é que o:
- Santo Antônio – se chamou Ogún
- São Jorge – Oshóssi
- São Jerônimo – Shangô Baru
- São Francisco – Loco ou a Gameleira Velha ou figueira brava
- São Caetano – a Gameleira Nova

O IFÁ

É a divindade dona da adivinhação, soberano pai de Yasán, representada que apresenta somente quatro olhos ou sinais de orifícios. Para olhar com o Ifá, encerram-se os frutos nas mãos, que se sacodem de um lado para outro. À proporção que os Ifás caem, um a um, o Oluô vai predizendo o que há de acontecer. Os instrumentos do Babalawo são: obi, orogbô, okutás e o opelê-Ifá. Às vezes contêm dezesseis moedas de prata. Às mulheres só é permitido olhar com búzios.

A TROCA DE CABEÇA

Há diversos processos para diversos objetivos: um deles é fazer um despacho, constante de um pedaço de madrasto novo, representando uma mortalha, com o propósito de transmitir a moléstia ou a infelicidade de uma pessoa á outra, e esta será atingida se pisar ou tocar no Ebó, atirado a um lugar conveniente. Quando, com a troca de cabeça, não se pretende fazer mal a outro, o ebó é colocado no cemitério.

Se o portador, por ignorância ou maldade, não o deixar no lugar designado, e sim em outro, quem tocá-lo será atingido.

Conheça-se ainda outros processos: toma-se um animal, preparamno com o Ebó e soltam-no ou amarram-no em qualquer parte. Quem apanhar, terá que ficar com a moléstia ou com desventuras. Um Babalashé ou Yalashé tem atribuições para trocar uma cabeça quando seu tempo de santo e obrigações estão em dia, se o ato a cometer for justificado favorável.

O OGAN

É uma autoridade honorária do Candomblé. Cada Orishá tem sua representação em diversos indivíduos, que não tomando parte nos preceitos da seita, todavia, têm direito a certas regalias. Ao penetrar na casa de Candomblé, os atabaques dão sinal de cortejo – dobram – conforme o Orishá a que ele é consagrado, todos prestam-lhe reverências, tem o direito de transpor a porta de cabeça erguida sem autorização especial, e lhe reservam os melhores lugares, nas ocaisões das fetas. As filhas de santo da Casa são consideradas como suas filhas e, ao verem o Ogan, curvam os joelhos e lhe pedem a bênção, em qualquer lugar.

O Ogan toma duas posses: a de iniciação e a de confirmação. Na primeira, o indivíduo, rodeado de muita gente, é apresentado pelo Orishá do Babalorishá aos quatro cantos da casa e e à porta do quarto do Orishá, logo depois aos ogans que estão tocando, daí, então, o Orishá senta o futuro Ogan em sua cadeira previamente arrumada, onde o mesmo curva-se prestando-lhe homenagens, e, logo após, todos de casa pertencentes à seita, deverão ir cumprimentar o futuro Ogan. A outra fase compreende a confirmação. Dá-se a saída do Orishá do Babalashé ao lado do Ogan, apresentando-o a todos os presentes, dando o nome do Orishá que governa o ori de sua ordenança. A festa toma caráter suntuoso, pois se prolonga por muitos dias. O resguardo do Ogan consiste no mesmo dos filhos de santo da casa, durante dezesseis dias.

Os africanos aqui introduzidos, pertenciam a diversas tribos distintas, como: CAMBINDA, BENIN, JÊJE, SAVARU, MAQUI, MENDÓSI, COTOPÓRI, DAXÁ, ANGOLA, MOSSAMBIQUE, TAPA, FILANIN, EGB-A, IORUB-A, EFON, QUETO, IGE-BU, CONGO, AUSSÁ, IGÊ-CHÁ, MINA, CALABAR e GIMUN, que era a tribo predileta ou preferida dos olhadores, etc.

As diferenças especiais: as mais amorosas, quanto à função da maternidade, foram as mulheres Gêges, Ige-chás e Egbás, que também se distinguiram pela correção escultural; não tinham o rosto recortado de linhas e costumavam pintar a pálpebra inferior, com uma tinta azul, por faceirice ou enfeite. Entre as mais peritas na arte culinária destacavam-se: Angola, Gêge e Congo; as boas amas de leite foram Aussá e Egê-cha, consideradas de índole mais branda.

As tribos Gêges, Congo, Angola e Mina distinguiram-se pela sensualidade, pelo porte senhoril e maneiras delicadas e insinuantes; por isso chegaram a confundir-se com as crioulas elegantes.

As Gêges e Angolas, especialmente, imolavam o seu amor aos oriundos do país e desprezavam os parceiros; mas, se foram casadas na terra natal e que aqui encontrassem os maridos, davam-lhe toda a preferência. A mulher africana, por força da seita, dava o tratamento de SENHOR ao marido.

Os Iorubás, eram até de ordinário preferidos nas posições legais. Os que mais se destacaram e adaptaram à nossa civilização foram os Angolas, que deu tipo engraçado, e o introdutor da CAPOEIRA. O Igê-chá foi o mais inteligente de todos, de melhor índole, mais valente e mais trabalhador.

Os Gêges assimilaram um pouco os costumes locais, mas, não em tudo. Eram muito dados ao sigilo do costume e as danças e um tanto fracos para o trabalho da lavoura.

Em geral, falavam os africanos diversos dialetos, que pareciam derivados de grupos de línguas diferentes, sendo a língua IORUBÁ a mais importante, pela extensão do seu domínio no continente negro. Os nomes das tribos que foram citadas indicam, apenas, localidades de nascimento ou de tribo onde a linguagem primitiva sofreu alterações. A mistura de tantas tribos diversas na mesma cidade tornou isso uma Babel africana, de modo que se tornavam comum, aos já aclimatados, no meio da conversão mal entretida, o emprego de termos da língua portuguesa a fim de se fazerem entender. O africano foi um grande elemento ou o maior fator de prosperidade econômica do país: era o braço ativo e nada se perdia do que ele pudesse produzir. O seu trabalho incessante, não raro, sob o rigor dos açoites, tornou-se a fonte da fortuna pública e particular.

"A raça negra não só tem modificado o caráter nacional, mas, tem até influído nas instituições, nas letras, no comércio e nas ciências do país.

Vivendo conosco no tempo e na ação, os escravos dominaram às vezes de tão alto que a eles devemos ensino e exemplos. "Costumes Africanos no Brasil". Manoel Quirino – Civilização Brasileira –1938".

SALVAS PARA OS ORISHAS

OGÚN – *LÉ OMOKAN OGÚN EWÁ NAM EYGI PATÁ COLORIÔ JACHÔ*
OSHÓSSI – *OLOBURU ODÉ GORONUÁ AJÁ EPÁ PAOKÔ KERODÔ AOKÉ ARÓ, OSHÓSSI AGOROMIM AUNXÊ KORÊ ODÉ ABANI BANI AUNXÊ KORÊ ODÉ*
OMOLU – *OMOLU OLUKÊ AFAN ROKONRIN ATO LOBE WÁ KORÊ ATOTO AGIROKÔ*
OSAYIN – *AGE REMI PELECECAN PELECEMEFÉ ABIDÁ MOGUM EU EU*
OSHUMARÊ – *ARROBOBOI ABERUM SAGÁ AZABOREGUEGÍ ARROBOBOI BESSÉN*
NANÃ – *SALABA NALUOGÔ NAQUITI NABURUKÊ SALUBA*
OSHUN – *ORAYEYEWÔ OSHUN IBUANA MEFÉ MILOGUN AFIDERIOMAN ORAYEYEWÔ*
YEMONJÁ – *ADOYAMIM ERYA YAOGUJ\ITÉ YASSESSU YATONAN YAMASSEMALÊ ODOYAMIN ERUYÁ*
SHANGÔ – *OBÁ KAWÔ KABIECILÉ AFONJÁ OPÔ MANJALEKUAN ARAMIM ALÊ YÔ BAMANI AJÁ KUILÚ OTOMOBÁ*

IKUMOBÁ SIRÊ AGNAJU IXOLÁ AIRÁ UNTILÉ AIRÁ IBO-
NA SHANGÔ DAWÔ KABIECILÉ LE ABÁ LEMPÊ OBÁ
OLORUM
OSHALÁ – OSHALÁ IBIM AYÊ EPABABÁ EPABABÁ EPABABÁ EIM
EIM ELEDÁ BABÁ OLODUMARÉ ELEDÁ EMIM Ô ABI LHILAI
ELEDÁ EMIM Ô

SHIRÊ

ESHU LAROIÊ KOKOROBIJA KOBALA LAROIÊ
EMARABO AMOJUBÁ LEBA COCHÉ
EMARABO AMOJUBÁ AMADÊCÊ I LÊ

EMARABÔ MOJUBÁ ELEGBARA
ESHU LONÃ

BARA UM BEBÉ TIRIRI LONÃ
ESHU TIRIRI BARA UM BEBÉ TIRIRI
LONÃ ESHU TIRIRI

AGONGORONGÓ
LAROIÊ

OGÚN

LE OMOKAN OGÚN EWÁ NAN EGÍPATACOLORIÔ JAXÔ
OGÚN AJÔ Ê MARIWÔ
OGÚN AJÔ Ê MARIWÔ
VALEPÁ LEPÁ MAN
OGÚN AJÔ Ê MARIWÔ
AWA TA É É

AWÁ XIRÊ OGÚN Ô
ERU JÔ JÔ
AWÁ XIRÊ OGÚN Ô
ERU JÔJÔ ERU JÉJÉ
AÊ AÊ AÊ ALAKÔRO LÉRIÔ
AÊ AÊ AÊ ALAKÔRO LÉRIÔ

OSHÓSSI

OKOKÊ ODÉ
ODÉ OKOKÊ ODÉ OKÊ

LOGUN-ODÉ

LOGUN ODÉ
YAMAFÁ LE COTUN AYA
LOGUN ABE KOIA KOIA
LOGUN ABE KOIA KOIA
ISE ISE FIRIMÓIA
LOGUN ABÉ KOIA KOIA

Ê Ê Ê Ê Ê
FALA LOGUN FALA LOGUN LOGUN FALA

OSHUN

ABERÊO Ô ABERÊÔ
ONIM ABETÔ MANI MANI
OSHUN APONDÁ
AININ ABETÔ MANI MANI

ABALA UN JÔ (repetidas vezes)
AFIBÔ AFIBO LOYA LELOSHUN
AFIBÔ LOYA LELOSHUN
AFIBÔ LOYA LELOSHUN

OSHUN ADOLA EMONA DOIN
OSHUN ADOLA IYABA EMOLA DOIN

NHEN NHEN NHEN OLORIÔ
NHEN NHEN NHEN OLORIÔ

OSANYIN

EU EU
PELE PENIN TOBÉÔ
Ô PELE PENIN TOBÉ
AKAKA MAKUA Ô PELEPÉ
Ô PELE PENIN TOBÉÔ

LE SIMIMBÓ BADI BARÔ
LE SIMIMBO BADI BARÔ
AGUADOLÔ LESI BARÔ OYA
LE SIMIMBÓ BADI BARÔ ASSU

JÉJÊ MANJÊJÊ
ORATAS MAMASO
MAMABA BEÔ

OMOLU

OPANIJÉ OPANIJÉ OPANIJÉ ÔRÔ
AGARELONI LODÔ BAEUWÁ LODO BAMBA

AÊ LODE BAEUWÁ

INJENA BAMBA
OSI EKÔ BOALÊ
INJENA BAMBA
ÓSI EKÔ BOALÊ Ô

OSHUMARÊ

OSHUN MARÊ LÊLÊ MARÊ OSHUN MARÊ
LÊLÊ MARÊ OARACÁ LÊLÊ MARÊ OSHUN MARÊ
AJABAJABA AJABAJABA JABURÓ
AJABAJARA JABURÓ AJABAJARA JABURÓ

OSHUN MARÊ KODEJIRÓ KOKEJIRÓ (bis)

MADAIN NADA IBÔ
Ê Ê Ê Ê
MADAIN NADA IBÔ
OFIO OFIODÉ

SHANGÔ

MARABÔ AIÔ
IEMANJÁ MARABÔ AIÔ
IEMAJÁ
AODÊRECÊ
OSI É IEMANJÁ
ACOTAPÊRECÊ AIÔÔ

ORIFIN AXA WEREÔ

AYRA YABOTO ILÊ
YABOTO ILÊ Ô
YABOTO ILÊ

AOIÔ IBAUBÁ IBAUBÁ
AOIÔ IBAUBÁ XALARÉ LUA CHEIA

NANÃ

NANÃ VODUN ABERIKÔ AÊ AÊ
NANÃ VODUN ABERIKÔ AÊ AÊ
NANÃ VODUN ABERIKÔ AÊ AÊ
NANÃ VODUN ABERIKÔ OBALUAYIÊ
NANÃ YÓ OBIN NANÃ YÓ LOGÓ NANA YÓ
OBIN NANA YÓ LOGÓ

OSHALÁ

BABÁ EPÊ
EPEJÁ EPEJÁ LODÔ

LIRUWÔ Ô LORODIDÊ
BABÁ KOJADÊ

ONISÁ URÊ SA LU AXÉ

ONISÁ URÊ OBERIOMAN
ONISÁ URÊ SALU AXÉ BABÁ
ONISÁ URÊ

FEITURA DE CABEÇA

1 – Em primeiro lugar, o Babalorishá ou Yalorishá irá jogar os búzios, consultando os Orishás, para saber com segurança o Orishá a que pertence a cabeça do iniciando, mesmo que este já se tenha manifestado. Isto porque ocorre algumas vezes o fato de que o Orishá que primeiro se manifesta não ser, em realidade, o Orishá dono da cabeça do iniciando. Torna-se, assim, necessária a confirmação pelos búzios. Dada essa resposta, feita a confirmação, o iniciado é informado do nome do seu Orishá de cabeça: se Shangô, Ogun, Yasán, Oshún e outros.

2 – Isto feito, o iniciado tratará de providenciar a compra de suas vestimentas sacerdotais, de acordo com o Orishá indicado, bem como as demais roupas necessárias, além dos objetos e ingredientes indispensáveis à cerimônia a ser realizada.
3 – Ao término da feitura do Orishá, o iniciado ainda permanecerá determinado número de dias ou meses residindo no Candomblé, tempo esse que varia de acordo com o ritual, com o Orishá, com a Nação ou linha em que foi feito.
4 – Logo ao chegar ao Candomblé, a Yabá ou o Assipa prepara o banho de ervas (ariaxé). Esse banho é tomado ao ar livre, às 03:00 horas da manhã, sob a direção do Babalorishá ou Yalorishá, conforme o sexo do iniciado; logo em seguida, após o banho, usam-se umas folhas próprias para limpeza do corpo, de acordo com o Orishá do iniciado, sendo mudada toda a roupa anteriormente usada, a roupa comum, por outra já do preceito.
5 – O iniciado regressa ao Candomblé, já pronto para iniciar o seu noviciado. Ficará residindo ali e, durante esse período, irá aprendendo o que lhe é absolutamente indispensável conhecer na nova vida sacerdotal, como sejam:
a) cantar, tocar e dançar para os Orisnás, em diversas nações;
b) conhecer todos os toques especiais, dedicados aos Orishás, bem como tocar os ilus – tambores – e demais instrumentos sagrados, nos diversos ritmos das diferentes nações e nas ocasiões especiais das cerimônias do culto.

Exemplo:
EGÓ – para Yasán
ALUJÁ – para Shangô
OPANIJÉ – para Obaluayiê
Toques diversos como para vumbi, matança, "arriar obrigações", receber sacerdotes, etc...
c) jogar os búzios;
d) falar a língua nagô e rudimentos de outros dialetos;
e) fazer a matança – mão-de-faca –, para diversos Orishás
f) colher e conhecer ervas – mão-de-ofá;
g) tratar e servir os Orishás nos dias de *ossé*;
h) preparar os alimentos sagrados dos Orishás;
i) realizar todas as cerimônias do culto, como sejam: obrigação de cabeça, bori, despachar o vumbi, o axêxê, etc.
6 – Decorridos os 15 ou 30 dias, ou mais, o Ogan chefe – Kalofé – toca para o Orishá do novo filho de santo, persistindo nos toques e cantos, até que o Orishá se manifeste no iniciado.

7 – Nesse momento exato é ele recolhido à "camarinha", já com o nome de Yawo.
8 – É então submetido à raspagem de cabeça, que é, em seguida, lavada com água dos axés, sendo no momento feito o sacrifício dos animais. O sangue é deixado cair sobre a cabeça do noviço, de modo a escorrer até os pés. Esse sacrifício é feito com várias espécies de animais, aves e quadrúpedes, desde o pombo até o cabrito.
9 – Decorridas algumas horas, é mudada toda a roupa do iniciado, sendo ele lavado com a água das moringas dos Orishás. Seu corpo deverá ser bem enxuto e, então, será pintado. Essa pintura é feita no busto, rosto, braço. Simbolizam, hoje, os antigos cortes profundos, usados na África, como distintivos de cada tribo. Variam de acordo com cada nação.
10 – O noviço deverá, então, permanecer na "camarinha" (Peji) por espaço de tempo que poderá variar entre 15 a 30 dias, conforme o jogo determinar, podendo, entretanto, ser prorrogado até 120 dias, se o Orishá assim o desejar. Isso é estabelecido a fim de que o noviço possa aprender tudo o que deve, completando o seu aprendizado dentro da seita africana, não saindo dali inabilitado e cometendo falhas que venham depor contra o seu babalorishá. No Candomblé, principalmente, isso é muito reparado. Mas, levado em conta, e mais severamente observado no Nagô e no Jêjê, onde falhas dessa natureza não são permitidas e recaem sobre o babalorishá, que preparou o filho de santo para enfrentar a vida, sem que esteja bem apto e capaz para desempenhar satisfatoriamente suas funções.
11 – Enquanto permanecer no Candomblé, na "camarinha", ficará proibido de falar a quem quer que seja, de sair â rua, de apanhar chuva, sereno, sol ou vento na cabeça. Observará o resguardo de certos alimentos, bem como lhe será proibido relações sexuais durante todo o período. Tomará banho de madrugada, na fonte mais próxima ou com água das moringas dos Orishás, sempre com a ajuda do Babalorishá ou da Yalorishá, conforme o sexo do filho de santo.
12 – Durante todo esse período de "camarinha", não receberá visita de ninguém. Caso deseje alguma coisa, baterá palmas três vezes (paó) e fará o pedido por mímicas, sem falar.
13 – Finalmente, terminado o prazo estabelecido, o Babalorishá ou Yalorishá escolhe o dia para a festa em que o Orishá deverá dar o nome, pois é sabido que todo o Orishá tem a sua "Dijina", espé-

cie de sobrenome, com o qual deseja ser conhecido. Essa festa é uma das mais apreciadas no Candomblé. Cada Orishá, na cabeça de cada filho, tem características especiais, próprias, caráter todo especial. Isso porque cada filho terá maior ou menor dom de mediunidade, além, igualmente, do tempo em que esse orishá está na cabeça da pessoa. Assim, um mesmo Orishá na cabeça de um Babalorishá com muitos anos de trabalho, não se apresentará com as mesmas características quando incorporado em uma pessoa em início de desenvolvimento ou com pouco tempo. Na festa de dar o nome, o Orishá dirá a sua Dijina.

14 – O mesmo Orishá, dado o grau de mediunidade, de adiantamento espiritual, a linha que foi feito, etc., no filho de santo apresenta-se com diferentes características. O mesmo Orishá na cabeça de um é diferente na cabeça de outro. Algumas vezes essa diferença é ligeira, apenas perceptível; em outras vezes é bem acentuada.

15 – Durante a festa do "dia de dar o nome", todas as despesas correm por conta do noviço, que as paga do seu bolso.

16 – Após a festa, pela madrugada, a roupa suja do noviço, já yawo, é conduzida até a fonte mais próxima para ser purificada. A partir desse momento, já pode gozar de certa liberdade, podendo sair do Candomblé para ir tomar a bênção às pessoas mais velhas do seu "Terreiro e dos Terreiros vizinhos".

17 – No domingo imediato ao dia de dar o nome, organiza-se a festa da compra e quitanda do yawo. Essa compra é uma espécie de leilão que o babalorishá faz restituir, mediante "compra" a pessoa de yawo. Está claro que a compra e o leilão são simbólicos, pois o comprador já está de antemão escolhido e determinado. Entretanto, vários compradores se apresentam e dão lances para a compra. O lance aceito é do comprador escolhido, que receberá o yawo das mãos do Babalorishá, sob vibrantes aplausos dos presentes e ao som de toques de ilus, agogôs e cânticos alegres.

18 – É então, iniciada a *quitanda do yawo*. No chão do terreiro, são alinhadas, panelas de mungunzá, vatapá, caruru, xeketês, acarajés, abarás, acaçás, aberéns, latas de aluá, pipocas, amendoins, queijadas, feijão de azeite, cestos de pinhas, pedaços de coco, roletes de cana, gamelas com fubá caxixi, bananas, laranjas etc. O yawo, ainda de cabeça raspada é o vendedor dos quitutes da quitanda. Nessa ocasião, o yawo está possuído por um Erê, e fica de guarda à quitanda, armado de um cipó (chiaú), com que esca os que vão roubar as guloseimas, Tudo é muito caro, motivo pelo qual há os que tentam "roubar". O yawo, possuído pelo Erê, faz pilhérias, brinca, ri. O barulho reinante é enorme.

BIBLIOGRAFIA CONSULTADA

Rodrigues, Nina – *Os africanos no Brasil.*
Guimarães de Magalhaes, Elyette – *Orixás na Bahia.*
Fatumbi Verger, Pierre – *Orixás* – Editora Corrupio.
Dos Santos, Deoscóredes Maximiliano – *Contos Crioulos da Bahia.*
Portugal, Fernandes – *Ossayin, A deusa das folhas* – Ed. Eco – 1978.
Portugal, Fernandes – *Apostilas do Curso de Cultura Religiosa Afro-Brasileira* – edição, Centro de Estudos e Pesquisas de Cultura Yorubana – 1978.
Portugal, Fernandes – *Apostilas do Curso de Yorubá* – 1978, edição, Centro de Estudos e Pesquisas de Cultura Yorubana.
Ortiz, Fernando – *Los Negros Brujos.*
Lody, Raul — *Santo também come.*
Lody, Raul – *Ao som do Adjá, Salvador.*
Bastide, Roger – *Candomblés da Bahia* – Rito Nagô.
Elbein, Juana – *Os Nagôs e a morte.*
Cacciatore, Olga – *Dicionário dos Cultos Afro-Brasileiros.*
Omolubá – *Fundamentos de Umbanda.*
Omolubá – *Umbanda Poder e Magia* (Pallas Editora e Distribuidora Ltda.) – 1983.
Alves, Rodrigues – *Sincretismo Afro-Brasileiro.*
Oju Obá, Babalawo – *O verdadeiro jogo de búzios,* Ed. Eco.
Gimberfeuá, Ogã – *Ebós, Feitiços no Candomblé,* Ed. Eco – 1978.
Gimbereuá, Ogã – *Guia do Pai de Santo do Candomblé* – Ed. Eco – 1979.
Accqua, Viva – *Vodu no Brasil e no Haiti* – Ed. Aquarius – São Paulo – 1977.
Costa, Fernando – *A prática do Candomblé no Brasil.*

19 – Finda a festa, o yawo volta para a "camarinha". Na primeira sexta-feira, irá à igreja em romaria, juntamente com o babalorishá e demais membros do terreiro. De volta, o yawo é entregue em sua casa. A partir dessa data, já pode se considerar feito.
20 – Entretanto, sua subordinação ainda continua por mais algum tempo, pois durante três meses deve permanecer com kelê, no pescoço, em sinal de sujeição. Findo esse prazo, o Babalorishá retira o *kelê* do seu pescoço, depositando-o aos pés do Orishá, seu dono, e restituindo-lhe.
21 – Entretanto, mesmo assim, a pessoa "feita" terá obrigação de zelar e tratar do seu Orishá, estando sempre presente ao Terreiro onde foi preparado, ajudando nas cerimônias e em tudo que se fizer necessário o seu auxilio. Deverá comparecer nos dias de "obrigação", matanças, festas etc.
22 – Na data do aniversário de sua "obrigação" de cabeça, deverá cumprir seus preceitos, dando festa.
23 – Após sete anos de "feita", a pessoa passa a ser "ebame". Ocupa todos os cargos importantes no Terreiro, desde auxiliar imediato do Babalorishá, do pai pequeno ou mãe pequena, até ao de chefe do terreiro. É costume nos terreiros, ao atingir uma pessoa o posto de ebame, oferecer uma grande festa pública, no terreiro de seu Babalorishá ou Yalorishá, comemorativa do acontecimento. Nesta festa, começa-se pelo sacrifício de aves e quadrúpedes.
24 – Os demais filhos de santo começam a tomar-lhe a bênção e a tratá-la pelo seu título. Começa, então, a subir de posto dentro do Candomblé. Os outros filhos de santo passam a encarregar-se de cozinhar para os Orishás, enfeitar o peji, mudar as águas das moringas, enfeitar os assentos, acender velas, colocar flores de acordo com a festa a ser celebrada. Os filhos de santo são o espelho de um terreiro. O reflexo do seu Babalorishá. Pelos filhos, de terreiros, seus conhecimentos, seu comportamento, seu zelo dentro da lei, se conhece os bons ensinamentos ministrados por seus iniciadores, dentro do Candomblé. Seu sucesso ou fracasso, seu adiantamento ou atraso, refletirão naqueles que os preparam para o sacerdócio. Bem assim, a boa ordem dentro de um terreiro, indica o pulso de quem o dirige, com sabedoria ou como curioso. Os filhos de santo obedientes, disciplinados, zelos, respeitadores, bondosos, serão visivelmente ótimos futuros sacerdotes. E receberão de volta todo o respeito e amizade que dedicarem ao seu babalorishá, quando virem os seus próprios filhos tratarem-se da mesma maneira, amiga e respeitosa.